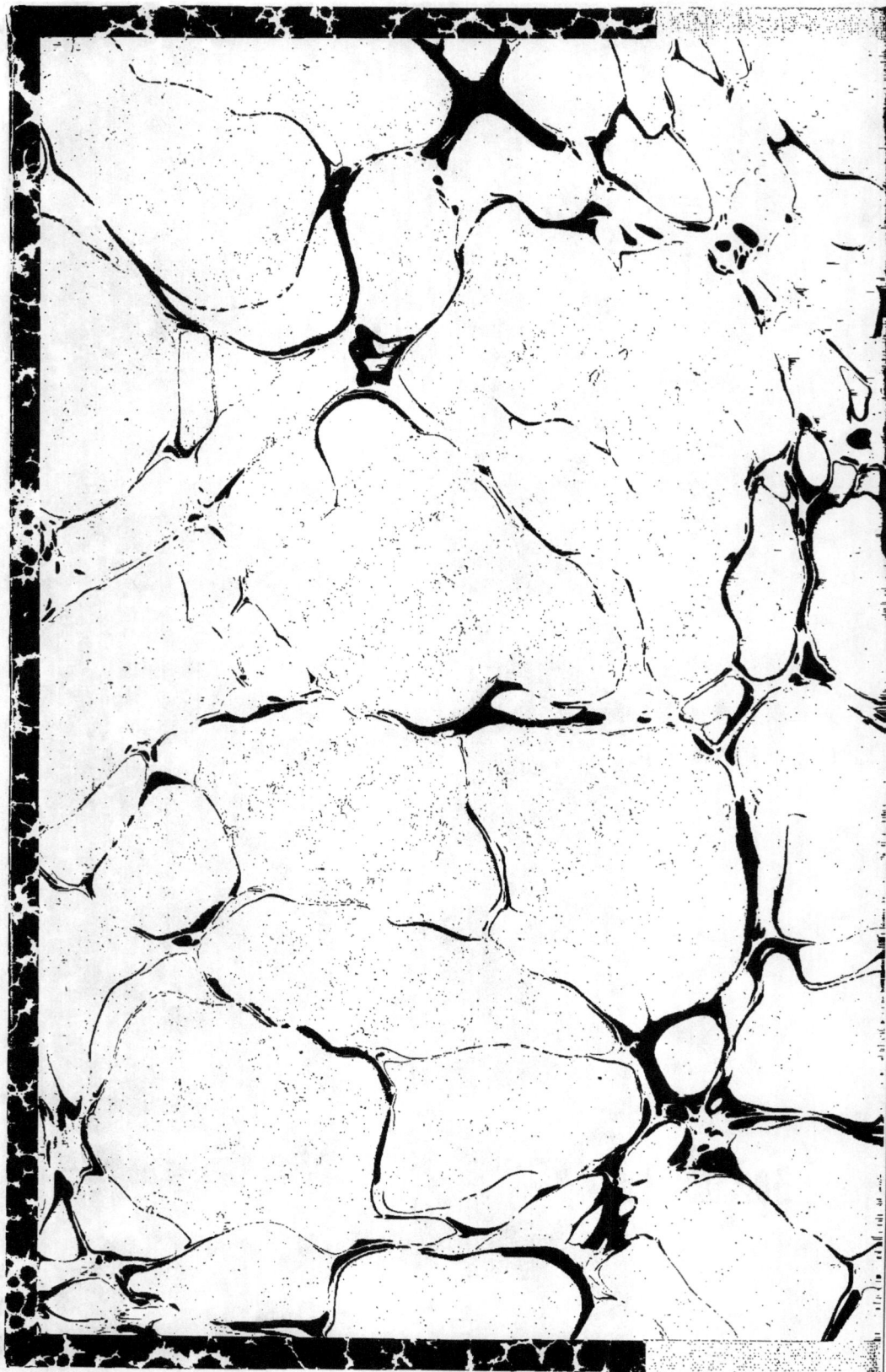

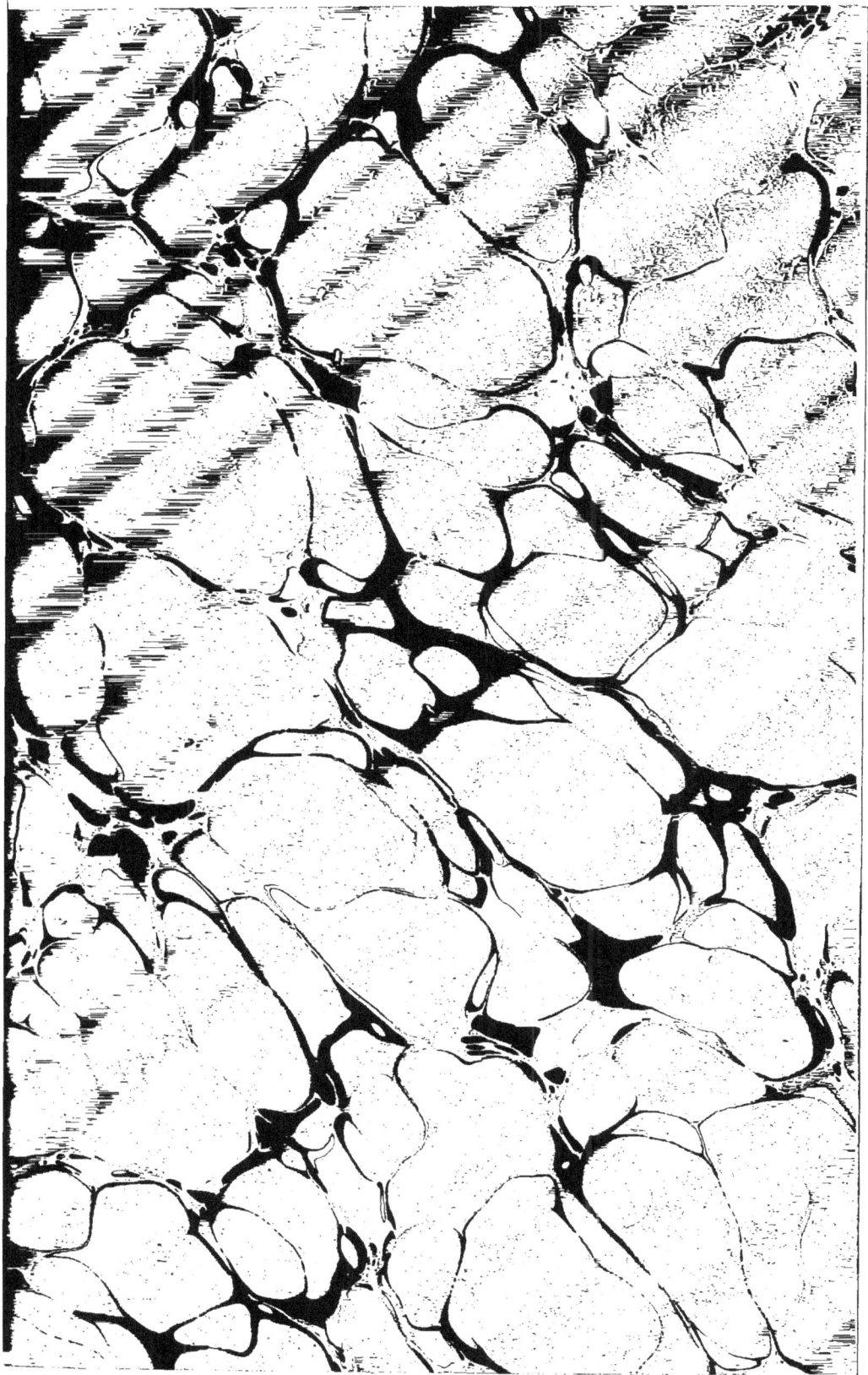

BOULANGER

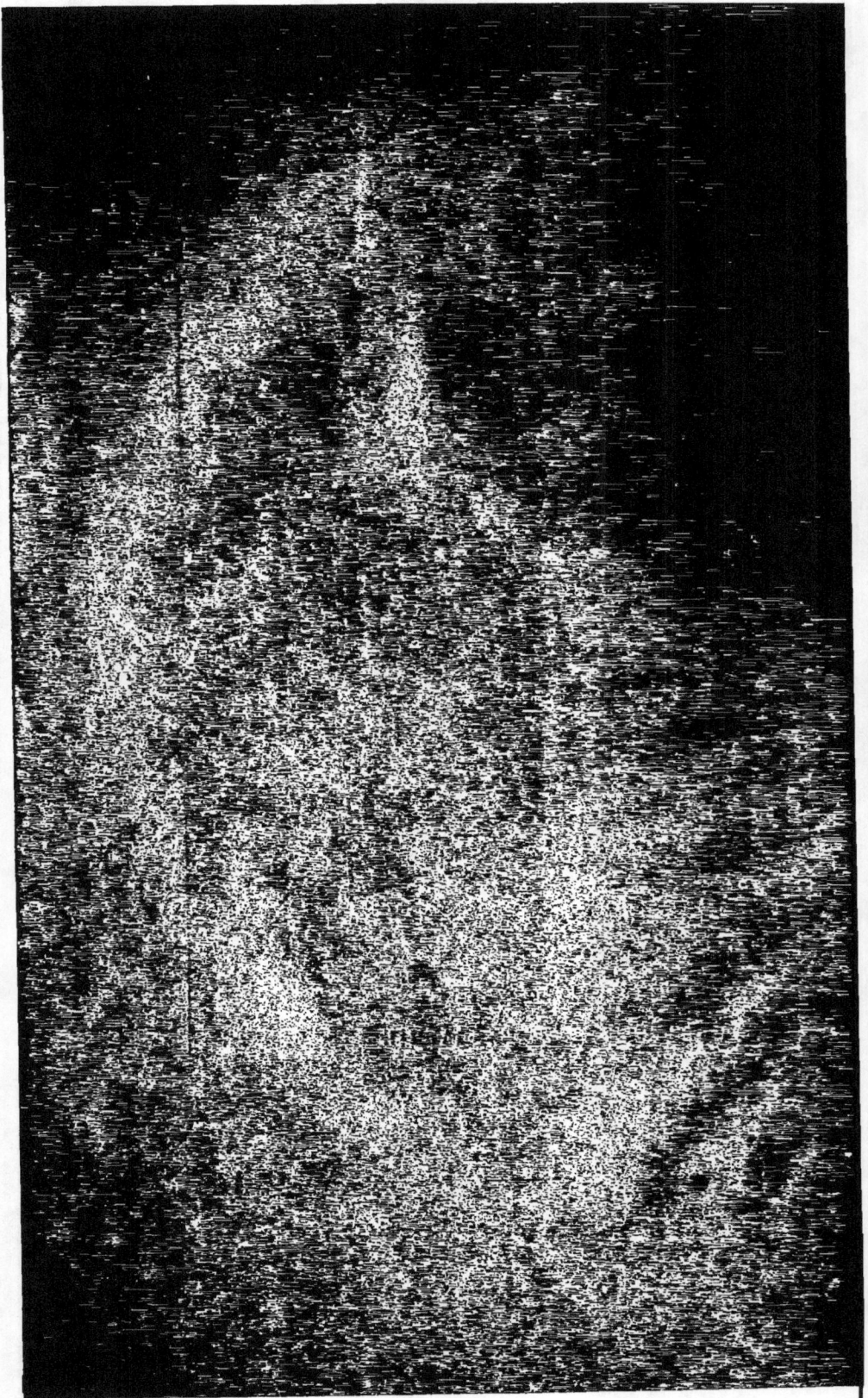

UNE ACTUALITÉ

—

RÉPONSE A MON ÉVÊQUE

PAR

M. R. REYNOARD

PRÊTRE DU DIOCÈSE DE FRÉJUS

(Var)

~~~⊏□⊐~~~

MARSEILLE

TYPOGRAPHIE ET LITHOGRAPHIE J.-B. BERTIN

14, rue Corneille, 14

—

1878

AVANT-PROPOS

Un prêtre âgé de 55 ans, de services honorables, et
sans reproches sous deux vénérables évêques, est succes-
sivement dénoncé au parquet de Brignoles comme faussaire, calomniateur, ennemi du gouvernement, etc. Le
parquet, après une enquête minutieuse et après en avoir
référé au procureur-général du ressort, abandonne chaque fois administrativement et judiciairement la plainte
portée. Mgr de Fréjus, au contraire, cédant aux instances
d'un calomniateur et d'un faussaire, veut que ce prêtre
soit coupable quand même, et le transfère à un poste
vrai Botany-Bay des prêtres du diocèse.

La position que l'évêché m'avait faite était intolérable.
Je ne pouvais, ni ne devais, ni physiquement, ni moralement, quitter le pays que j'avais administré pendant
sept ans comme recteur. Cependant Mgr Jordany, évêque

de Fréjus, abusant de son pouvoir, me frappe de suspense, me prive, par conséquent, de faire les fonctions
de mon ordre et de trouver les secours spirituels et corporels auxquels j'avais droit de prétendre.

Dans cette extrémité, je demande des juges et on me
les refuse. Alors j'adresse au Saint-Siége un appel
canonique. Dix ans durant, j'ai fait de vains efforts pour
obtenir de Rome un jugement de ma cause. Pendant dix
ans aussi, l'évêque a mis en œuvre l'astuce et la calomnie
pour paralyser mes efforts à Rome et ailleurs, pour m'extorquer le désistement de mon appel et pour briser la
seule arme que l'Eglise avait laissée en mes mains pour
me défendre.

Je vais enfin à Rome pour plaider moi-même mon
affaire. Le Tribunal Suprème me conseille de ne pas porter ma cause en congrégation, mais de tout terminer
à l'amiable.

Ce conseil, bon en lui-même, a été désastreux pour
moi, parce que je suis retombé, dès ce moment, sous les
coups de l'arbitraire de mon évêque, qui est redevenu,
par le fait, mon accusateur-juge.

La Sacrée Congrégation du Concile, poursuivant le rôle
de conciliatrice qu'elle s'était fait, a demandé à mon évêque les dommages-intérêts que je réclamais au nom des
lois de l'Eglise et de l'Etat, etc. L'évêque a répondu sot et
court : « Je ne dois rien ! C'est par goût et par entêtement
que l'appelant est resté dix ans sous les censures. »
Sommé d'accorder au moins des secours suffisants, l'évêque a répondu, cette fois, par la libre et volontaire
démission de son évêché, après avoir désigné cependant
M. Terris, curé de Carpentras, pour son successeur et
son *alter ego*.

Mgr Terris venait de prendre possession de son nouveau
siége, et j'écris à Sa Grandeur pour lui souhaiter la bienvenue, pour lui dire en deux mots mon affaire et pour

me mettre humblement à la disposition de mon nouvel
évêque.

Après un mois environ de réflexion, Mgr Terris répondit à ma lettre par une lettre de six pages, remplie de
fiel, de mensonges et d'injures.

Le lecteur jugera si ma lettre pouvait mériter une
riposte aussi dure, aussi peu pastorale et si notre réponse, ou plutôt si le commentaire qui accompagne la
lettre épiscopale du 26 décembre 1876, est fondée sur le
droit, la justice et la saine raison.

Cet opuscule, que nous livrons, malgré nous, à l'impression, tombera-t-il entre les mains du public? Seul
Mgr Terris peut le dire. Sa Grandeur nous a mis en
demeure d'écrire et nous avons écrit. Seule aussi Sa
Grandeur peut d'un mot, si elle veut, anéantir le prix
de nos veilles, créer de nouveaux cieux et une terre nouvelle. *Fiat !*

RÉPONSE A MON ÉVÊQUE

— + ❋ +— —

« Que vos discours soient as sai-
« sonnés du sel de la grâce, afin
« que vous sachiez ce que vous
« avez à répondre. »
(*Aux Colos.* — IV, 6.)

« Et vous, pères, ne provoquez
« pas la colère de vos enfants. »
(*Aux Éphés.* — VI, 4.)

Monseigneur,

J'ai lu et relu votre lettre du 26 décembre 1876, et, plus je la lis, plus je sens le besoin de vous répondre, de peur qu'un silence affecté ne soit pris pour un muet assentiment à tout ce que Votre Grandeur a bien voulu me dire dans son indigeste et interminable *factum*.

Il m'en coûte, Monseigneur, de vous contredire, et de vous attrister peut-être ; mais, à ma place, que feriez-vous ? Votre Grandeur ne me met-elle pas en demeure de rectifier les inexactitudes que sa lettre renferme, de relever les mensonges que vous répétez, de réfuter et de démasquer les calomnies que vous entassez les unes sur les autres, de bonne foi, je veux le croire, dans le sanglant réquisitoire que vous avez eu l'imprudence de lancer contre moi par votre malheureuse lettre, et de me laver enfin de cet opprobre dont votre prédécesseur n'a cessé de me couvrir ?

« Il y a des lettres, dit saint Jérome, auxquelles on ne peut répondre que par des volumes. » Votre lettre, Monseigneur, est de ce nombre ; aussi, je vous en conjure, supportez l'ennui que va vous causer la lecture de ma lettre avec autant de patience que j'ai éprouvé de douleur, de honte et de dégoût à lire votre trop longue lettre du 28 décembre 1876. Quelles tristes étrennes vous avez préparées à votre serviteur pour l'an de grâce 1877 ! quels affreux cadeaux de joyeux avènement au siége des Léonce et des Michel !

La prudence la plus vulgaire vous faisait un devoir de jeter un voile sur un passé que vous ignorez, et d'inaugurer votre épiscopat par un acte de justice, ou, si vous voulez, par un acte de clémence qui eût honoré votre gouvernement, attiré les bénédictions du souverain pasteur de nos âmes sur votre administration, et qui vous eût concilié l'estime et l'amour de vos nouvelles ouailles. Un mot seul, de votre part, pouvait calmer la mer la plus agitée, appaiser les vents les plus impétueux, et il se serait fait un grand calme. Les talents qui vous distinguent, votre longue expérience des affaires, enfin les circonstances malheureuses où nous vivons, faisaient attendre de vous une ère nouvelle. Oui, Monseigneur, mais des conseillers perfides sont venus vous dire, non pas comme les vieillards de l'Écriture à Roboam : *Adoucissez le joug que votre père avait imposé;* mais comme les étourdis des livres saints : *repondez, Monseigneur a ceux qui vous ont écrit : mon père vous a imposé un joug onéreux, et moi je l'aggraverai; mon père vous a frappé avec une verge de bois, et moi je vous frapperai avec une verge de fer.* C'est ainsi, Monseigneur, que lorsque la renommée est venue nous dire, comme l'ange de l'Evangile : *Ne craignez rien : je vous annonce une grande nouvelle, il vous est né un sauveur aujourd'hui !* Lorsque tout le diocèse s'est réuni à l'ange pour entonner le bel hymne : *gloire à Dieu au plus haut des cieux, et paix sur la terre aux hommes de bonne volonté,* vous déclarez, en arrivant dans votre diocèse, que vous ne venez pas pour apporter la *paix, mais la guerre.*

C'est donc la guerre que vous voulez, et une guerre à outrance, une guerre à mort? Eh ! oui, puisque vous prenez résolument la place de votre prédécesseur qui a fui lâchement le lieu du combat, au plus fort de la lutte. Soit!

Je sens que la partie n'est pas égale. Vous avez l'avantage du terrain, de l'âge, de la force et des armes; et celui à qui vous déclarez la guerre n'a que sa faiblesse et la justice de sa cause. C'est le faible David contre le puissant et terrible Goliath, n'importe : je prendrai ma fronde et mes pierres, et je *marcherai au combat au nom du Seigneur,* et, quoi qu'il arrive, je suis heureux, parce que je suis assuré, par avance, que, vainqueur ou vaincu, vous ne retirerez, de cette lutte impie et fratricide, que la honte et le mépris de tous ceux qui seront les tristes témoins de ce singulier combat.

Un mot encore, et je suis à vous. On vous a dit, Monseigneur, vous l'avez avoué, que votre lettre eût produit sur un esprit moins froid et moins aguerri que le mien, une attaque d'apoplexie foudroyante et la mort, et je le crois. En effet, dans cette lettre vous vous êtes laissé aller à une intempérance de langage qui frise le cynisme et la brutalité. Pour excuser la rigueur de vos formes, vous avez dit : « Je suis franc, et j'écris comme je pense. » Que signifie ce langage? sinon que vous pensez quelquefois très-mal.

En Italie, un évêque qui oserait tenir à quelqu'un, surtout à un prêtre, le langage violent que vous avez tenu à l'abbé Reynoard, serait mis à la retraite immédiatement. En France, terre classique de la politesse et du savoir vivre, c'est autre chose. Ici, le Pape n'a plus la même action sur un évêque, et l'Etat laisse faire. Mais si l'Eglise est obligée de supporter, en France, ce qu'elle ne peut pas empêcher, et, si l'Etat permet à un évêque de tuer lentement sa victime, pourvu que la mort soit sensé naturelle, ne me sera-t-il pas permis au moins de répondre à votre lettre, avec tout le respect que je dois à Votre Grandeur, mais aussi avec toute la franchise et toute la crudité dont vous m'avez donné vous même l'exemple?

Du reste, Monseigneur, vous savez qu'au jeu et au tribunal, il n'y a plus ni maître ni valet. Je n'abuserai pas cependant de la position qui m'est faite, et, avant d'ouvrir la bouche pour vous répondre, je supplie, comme Eschyle, tous les saints du Paradis de ne pas permettre que je dise un seul mot qui puisse blesser Votre Grandeur et, si l'excès de la douleur ou la force de la vérité arrachaient de mes lèvres quelques paroles trop vives, excusez-les, Monseigneur, puisque, par avance, je les désavoue.

Cela dit, me voici, Monseigneur. Que voulez-vous de moi? Que demandez-vous de l'abbé Reynoard? parlez, comme vous pensez, seulement divisez en alinéas, ou en différents entretiens tout ce que vous avez à me dire. Cette manière de procéder, nous donnera quelques instants de repos, et ne deviendra pas à charge à ceux qui daigneront nous entendre. Commencez, Monseigneur.

PREMIER ENTRETIEN

L'ÉVÊQUE. — Monsieur l'abbé, avant de répondre à votre lettre,

LE PRÊTRE. — « Le bon Dieu à daigné écrire à l'homme, disait saint Antoine, et vous vous étonnez si l'empereur Théodose daigne écrire a un serviteur de Dieu. » Mais un homme peut-il s'adresser à Dieu? Oui, oui, toujours! Mais un prêtre peut-il se permettre d'écrire à son évêque? Oh! oh! ceci est grave, et je laisse à des hommes plus doctes que moi le soin de résoudre cette question. Quoiqu'il en soit, je me suis permis, Monseigneur, d'écrire à Votre Grandeur. Oui, Monseigneur, j'ai eu le bonheur et l'insigne honneur de vous écrire à la date du 2 décembre 1876. J'ai cru qu'il était du devoir d'un prêtre de souhaiter la bienvenue à son nouvel évêque, à celui que la Providence avait choisi pour gouverner le diocèse de Fréjus. Or, est-ce une témérité de ma part? ou bien avez-vous trouvé dans ma lettre un mot, un seul mot blessant pour Votre Grandeur, ou un seul mot mal sonnant à l'adresse de votre vénéré prédécesseur, qui pût servir de prétexte à la plus virulente récrimination, à une riposte de six pages, assaisonnée des termes les plus outrageants pour un prêtre? je ne le pense pas. Qu'ai-je fait, par le fait, sinon de m'associer à l'*hosanna* qui retentissait dans tout le diocèse, et dont l'écho venait se perdre à Rome? Qu'ai-je fait, sinon de me mettre humblement à la disposition de Votre Grandeur?

Ici j'entends la voix d'un grand-vicaire qui vient m'interrompre pour me dire : « Monseigneur a lù des récriminations amères contre son vénéré prédécesseur. » (Lettre du 5 juillet 1877). Tout autre qu'un prêtre répondrait à M. le vicaire-général : Vous en avez menti ! Pour moi, je n'emploierai pas ces formes grossières de langage, des termes aussi peu parlementaires, non ; mais je dirai simplement à mon malencontreux interrupteur : Lisez bien ma lettre, elle ne dit rien de ce que vous lui faites dire. Vous faites votre métier en calomniant, continuez ; mais laissez, pour le moment, la parole a votre évêque, qui est aussi le mien.

L'ÉVÊQUE. — J'ai dû prendre connaissance de votre affaire,

LE PRÊTRE. — C'est parfait! « Car, nous dit saint Ambroise, supposez un coupable qui, avouant son crime, ou en étant convaincu, ne veut recourir à aucun moyen de défense, mais se jette aux pieds de son juge pour implorer son pardon, que répondra le juge? Je ne puis rien pour vous. Quand je juge, je ne puis consulter mon autorité, mais la justice. Sur mon siége, ce n'est pas moi qui juge, mais vos œuvres ; ce sont elles qui vous condamnent, et les lois que je ne puis pas changer, mais observer : de moi-même, je ne puis rien. La manière de vous juger dépend de vous, je juge sur ce que j'entends, et c'est pour cela que mon jugement est vrai, non pas parce qu'il est conforme à ma volonté, mais parce qu'il est selon les règles de la justice. »

Avant de me répondre, Monseigneur, vous avez pris un mois de réflexion, et vous avez voulu prendre connaissance de mon affaire. Vous avez donc suivi le conseil du sage, lorsqu'il nous dit : Avant de porter un jugement, prends les voies de la justice, et, avant de parler, sache ce que tu as à dire ; ce qui signifie : Examine les griefs articulés, consulte les témoins à charge et à décharge, ensuite appelle l'accusé, écoute ses raisons, réponds à ses difficultés, et, lorsque tu seras parvenu à convaincre l'inculpé de tel ou tel crime, ou bien lorsque tu auras pu obtenir de lui, non par ruse, ni par violence, mais par persuasion, l'aveu formel de sa culpabilité, prononce la sentence qui doit toujours être basée sur des preuves alléguées et prouvées ; cela fait, édicte la peine prévue par la loi et proportionnée au délit commis. »

Avez-vous suivi, Monseigneur, cette marche que la justice et la raison seules indiquent à tous ceux qui s'arrogent le droit formidable de juger leurs semblables? La prudence la plus vulgaire, la plus élémentaire, vous faisait un devoir d'appeler l'abbé Reynoard ; vous pouviez, et vous deviez à la justice et à votre honneur de le citer à votre barre, et alors vous auriez pû lui dire : « Voyons, pourquoi cette désobéissance et cette longue obstination? » A mes réponses, vous auriez sû le pourquoi de ma conduite ; vous auriez pu juger par vous-même si j'étais véritablement coupable, et jusqu'à quel point ; vous auriez pu voir aussi s'il n'y avait pas en ma faveur des circonstances atténuantes. Mais non, vous me jugez sans m'entendre, vous me condamnez sans vouloir m'écouter et vous voulez, de bonne foi, que je me soumette à une sentence aussi irrégulière? Impossible !

Mais encore, Monseigneur, comment et où avez vous pris connaissance de mon affaire? à l'Evêché? dans ce fatras immonde de sottises que la malveillance d'un individu a fait pleuvoir sur l'Evêché pendant des années, surchargé de notes dont votre prédécesseur avait accompagné ces précieux documents. Mais, dites-moi : avez-vous trouvé dans le dossier que vous avez compulsé, un seul mot qui fût en ma faveur? Comment, votre prédécesseur n'a jamais voulu recevoir une seule pièce à ma décharge, et ne savait répondre à ceux qui voulaient plaider ma cause, que ces paroles que le Seigneur adressait à Moïse : *Ne prie pas pour ce peuple, ne le loue pas et ne prie pas pour lui, parce que je ne veux pas exaucer ses prières.* (Genèse).

Et vous même, Monseigneur, avez-vous été plus impartial? Que m'a répondu Votre Grandeur, quand je lui ai présenté, à Rome, les honorables certificats que des hommes distingués m'avaient délivrés? C'est inutile, votre vie à Rome et ailleurs ne me regarde pas! Or, Monseigneur, que diriez-vous d'un juge qui ne consulterait qu'une des deux parties en litige? Je vous plains donc doublement, Monseigneur, pour la peine que vous vous êtes donnée de faire le dépouillement d'un tas de paperasses, bonnes tout au plus à être jetées dans le feu, et de la

préoccupation que vous avez apportée à faire un dépouillement qui ne pouvait que vous induire en erreur.

Pour atténuer le mauvais effet que pouvait produire une justice par trop draconienne, que dites-vous ?

L'ÉVÊQUE. — A laquelle j'étais complétement étranger,

LE PRÊTRE. — Vous avez mille fois raison, Monseigneur, de
déclarer que vous êtes complétement étranger à mon affaire ;
mais alors, permettez-moi de vous demander ce que vous avez
à faire dans cette galère qu'on appelle l'affaire Reynoard ?
Pourquoi venir couper du bois dans ma forêt ? vous dirai-je
avec Tertullien (apologétique) ; qui êtes-vous ? d'où venez-vous ?
que vous ai-je fait et de quoi avez-vous à vous plaindre ? Moi ?
de rien : mais ne dois-je pas soutenir l'honneur de mon vénérable prédécesseur et venger sa mémoire ? Ah ! je vous comprends, Monseigneur, dans un duel, si un des deux champions
succombe, on prend lâchement la fuite, un nouveau combat-
tant prend quelquefois la place de celui qui rend les armes ou
succombe, et le combat recommence. Voilà précisément ce que
vous faites. Oui, vous vous constituez le vengeur des intérêts
de votre prédécesseur, vous vous chargez d'une rude besogne,
Monseigneur, et vous aurez énormément à faire.

Car enfin vous aurez à prouver d'abord que votre prédécesseur a été offensé, ce que je nie hardiment. Et alors même vous
devriez savoir, Monseigneur, que la vengeance est interdite à
tout chrétien et surtout à un évêque, par un code que toutes les
chicanes de l'esprit humain et toute la perversité des hommes
ne sauraient faire oublier. *Ne vous souvenez pas d'une injure*,
dit l'ecclésiastique, *et ne faites rien sous l'impression d'une
injure*. « Le vrai serviteur de Dieu ne doit pas se disputer, nous
dit saint Bernard, mais il doit être doux pour tous et gémir
modestement sur ceux qui résistent. » Je le répète donc, comment se fait-il que je vous trouve sur ma route ? Dois-je le dire,
Monseigneur, vous avez été forcé d'avouer que vous êtes complétement étranger à mon affaire, mais de perfides conseillers,
des hommes d'iniquité ne sont-ils pas venus vous dire ce que
certains courtisans disaient à Louis XII, devenu roi de France :

« Il est temps, Sire, que Votre Majesté venge les injures du duc d'Orléans! » Et vous ne remarquez pas, Monseigneur, l'injure et le tort que l'astuce et la haine font à V. G.? Vous n'êtes donc que la doublure de votre predécesseur? et, alors même, pourriez-vous vous venger? Cependant que répondit Louis XII à ses mauvais conseillers? « Non, non, ce n'est pas au roi de France à venger les injures du duc d'Orléans! » Par cette réponse vraiment digne d'un roi de France, Louis XII mérita le surnom glorieux de « Père du peuple. » On conçoit, jusqu'à un certain point, que Louis XII, une fois sur le trône, pût se venger des injures qu'il avait reçues alors qu'il n'était encore que duc d'Orléans; mais vous, Monseigneur, quelle raison avez-vous de sévir contre l'abbé Reynoard? vous ne voulez donc pas être le père du peuple? que voulez-vous donc être? Oh! je l'ignore, mais je sais bien ce que vous devriez être, et ce que Dieu veut que vous soyez. Le Seigneur vous le dit par Ezéchiel et Jérémie. Ecoutez les oracles de ces prophètes, ou plutôt, écoutez le Seigneur parlant par leur bouche et vous aurez moins de peine sans doute à imiter l'exemple de Louis XII.

Mais voici un exemple plus frappant encore. Le prince de Tarente écrit à saint Elzéard : « Laissez-moi la commission de châtier les rebelles qui vous ont empêché de prendre possession de votre comté d'Ariane, j'en ferai pendre un certain nombre et les autres se soumettront bientôt. S'il faut être agneau avec les bons, on doit être lion avec les méchants. Soyez tranquille, et laissez moi faire, seulement priez pour moi : je saurai tellement réduire cette canaille, qu'ils ne vous inquiéteront plus. » « Eh quoi, Prince, répondit saint Elzéard, voulez-vous donc que je commence par des massacres, mon gouvernement? Je gagnerai les rebelles par mes bons offices. Il n'y a pas de gloire à un lion de mettre en pièces de faibles agneaux; mais ce qu'il y a de grand, c'est de voir un agneau triompher du lion. J'espère qu'avec le secours de Dieu vous verrez bientôt ce miracle. »

Vous ne voulez pas suivre l'exemple de Louis XII, vous ne paraissez pas disposé non plus a suivre l'exemple de saint Elzéard, à ce que je vois; qui voulez-vous donc suivre? Mais encore, qui s'est opposé à la prise de possession de votre siége? on n'a vu partout, dit-on, que des guirlandes et des fleurs à votre arrivée; partout, dans le diocèse, on n'a entendu que les *hosanna* de la joie la plus vive, et c'est du sein de ce triomphe que, prêtant l'oreille aux cris de la haine et de la vengeance, vous répondez au prince de Tarente : faites! ou plutôt, ne faites rien! oui, j'entends les gémissements de mon prédécesseur, mon père adoptif. Son souffle m'inspire la haine et la vengeance, et je ne puis tempérer l'ardeur qui me transporte; je ne veux pas faire des miracles, moi. « Laissez-moi la commission de châtier les rebelles, j'en ferai pendre un certain nombre et les autres se soumettront bientôt. Je saurai tellement réduire cette canaille qu'ils n'inquiéteront plus ni peu ni prou, ni mon prédécesseur, ni son successeur. Oh! faites, Monseigneur, oui, mettez-vous à l'œuvre et frappez sans pitié. Comme le sanglier de l'Ecriture dévastez le champ du céleste père de famille; mais souvenez-vous que vous ne serez plus le pasteur, ni le père de votre diocèse, mais un mercenaire et un loup qui dévore et perd les brebis. Et alors, Monseigneur, vous nous prouverez que ce n'est pas à vous que saint Léon, pape, disait : « Nous avons reconnu par les lettres de Votre Grandeur, la vigilence du bon pasteur qui mérite que les brebis entendent sa voix et le suivent. Oui, vous verrez facilement les loups qui menacent le troupeau de Jésus-Christ et vous accourrez à son secours comme un pasteur vigilant, de peur que les loups ne dispersent les brebis du Sauveur par les morsures de leur perfidies ou par les cris de leur perversité. » (Saint Léon à Athia.)

L'ÉVÊQUE. — J'ai le regret de vous dire, que,

LE PRÊTRE. — Le grand regret que vous avez éprouvé, Monseigneur, a-t-il ému beaucoup votre cœur? a-t-il fait perdre le somme et l'appétit à Votre Grandeur? a-t-il effleuré seulement votre épiderme? pour mon compte, je ne puis croire à une sensibilité de commande et démentie par les faits. Aussi je ne puis m'empêcher de m'écrier : comédie! comédie! Quand j'entends les paroles que vous m'adressez, je ne puis que m'écrier aussi avec un père de l'Eglise : « *Vintutum gratia non sermonibus exponenda est, sed operibus cum probanda.* » (La grâce des vertus ne doit pas seulement être étalée par des paroles, mais elle doit être prouvée par des œuvres.)

L'ÉVÊQUE. — Sans idée préconçue,

LE PRÊTRE. — Comment, Monseigneur, est-ce que votre pré-décesseur a pû donner sa démission et vous désigner nommé-ment pour son successeur, sans vous faire part, en même temps, des peines et des ennuis qui assiégent un évêque sur son trône, surtout dans les temps fâcheux où nous vivons ? Un évêque n'est-il pas environné, comme le dieu des enfers, par la haine, la sombre envie, la noire jalousie et mille fantômes qui rôdent sans cesse autour de lui pour troubler son repos ? Et, dans les entretiens secrets que vous avez eûs pour traiter des conditions, de la transmission des pouvoirs, vous viendrez me soutenir que le nom de l'abbé Reynoard n'est jamais intervenu dans vos conversations intimes. Je ne veux pas soulever ici le voile qui cache à tout regard indiscret les conditions d'une telle transaction ; mais ne pourrait-on pas conjecturer, sans témérité, que la perte entière d'un prêtre rebelle a été la con-dition soit de la démission, soit de l'acceptation du siége de Fréjus ? Si cela est, Monseigneur, vous me permettrez de vous le dire : vous vous êtes rendus coupables l'un et l'autre d'un crime horrible, d'une détestable simonie. Oui, Monseigneur, tout bénéficier qui cède un bénéfice quelconque conditionnel-lement et sans autorisation du supérieur devient simoniaque, et celui qui reçoit le bénéfice cédé conditionnellement devient aussi simoniaque. Oseriez-vous soutenir, Monseigneur, que la condition stipulée a été agréée par le Souverain Pontife ? Quoi ? Pie IX, le plus juste des pontifes romains, aurait consenti à ce que votre prédécesseur céderait son siége, et que vous l'accep-teriez, vous, à la condition criminelle que vous écraseriez un pauvre prêtre innocent, et même coupable ? le Saint-Père n'eût-il pas reculé d'horreur à une pareille proposition ? Quoi ? je pourrais donc dire au Saint, au Juste, au Magnanime Pontife qui gouverne l'Eglise avec tout l'ascendant de sa justice et de sa miséricorde, à l'invincible défenseur des sacrés canons : « On appelle à vous de toutes les parties du monde et plût à Dieu que ce fût avec autant de fruit que de nécessité ! Plût à Dieu que lorsque l'opprimé crie, l'oppresseur le sentît, et que l'impie n'eût pas à s'énorgueuillir des misères du pauvre ! quoi de plus beau que de voir qu'à votre nom les opprimés sont soulagés et que ceux qui oppriment ne peuvent échapper à la justice ! »

« Vous n'êtes pas très-ému envers un homme à qui des injures multipliées ont aggravé la douleur et puis la fatigue d'une longue route, et d'immenses dépenses, et vous ne serez que légèrement ému contre celui qui a été en partie l'auteur et la cause de tant de calamités? ô homme de Dieu, excitez votre vigilance quand pareilles choses arrivent, vous devez autre chose à celui qui a été lésé et autre chose à celui qui a lésé ; que l'un soit consolé par la réparation des dommages qu'il a reçus par la satisfaction des injures et la fin des calomnies qui l'accablent, et que l'autre se repente d'avoir fait ce qu'il ne devait pas faire, et ne puisse pas se réjouir des peines d'un innocent. »

« Rien de si pervers, de si éloigné du bien, que de voir celui qui a fait le mal, et la peine inutile de celui qui a reçu le dommage. » (Saint Bern. de C.)

S'il en est ainsi, le Souverain Pontife n'eût-il pas empêché par tous les moyens possibles un pacte coupable, et si vous aviez passé outre, ne vous eût-il pas déposés l'un et l'autre?

Je dis plus, Monseigneur, si, à l'époque où votre nom parut pour la première fois dans les journaux avec votre nomination à l'évêché de Fréjus, j'avais transmis au Vatican certaines lettres que j'avais reçues, jamais vous n'auriez pu faire tomber les barrières insurmontables qui se fussent opposées à votre consécration épiscopale, et tout le bon vouloir de votre prédécesseur serait venu se briser devant le juste ressentiment du pauvre prêtre que vous persécutez maintenant avec si peu de raison.

« Sans idée préconçue ! » Ah! Monseigneur, je n'oublierai jamais les ennuis et les transes que j'ai ressentis, à Rome, lorsque j'appris que ma pauvre lettre vous trouverait à Lérins ou à Cannes, où vous deviez passer de quinze jours à trois semaines, en compagnie de votre prédécesseur, flanqué, pour mon malheur, d'un archevêque qui n'avait pas mal du fil à retordre, en ce moment, avec quelques prêtres de son diocèse et avec quelques-unes de ses ouailles. Où est-ce, dites-moi, que cet archevêque a puisé les préjugés que Sa Grandeur a manifestés, plus tard, avec autant d'imprudence que de légéreté? Qui lui a dit que « l'abbé Reynoard est un homme dangereux, une tête sans cervelle et un fou? » Où m'a-t-il vu, où m'a-t-il connu? n'est-ce pas dans les entretiens que vous avez eus avec lui, dans les rapports qu'il a eus avec un vieillard injuste et rancuneux? Vous avez beau dire, Monseigneur, c'est de ce triumvirat qu'est née la résolution de venger votre prédécesseur et partant, de perdre un pauvre prêtre, et, comme Cicéron fut vendu à la vengeance d'Antoine, j'ai été sacrifié à la haine de votre prédécesseur.

Ce qui est encore plus hideux, c'est que cette vengeance est née, a été fomentée à table, au milieu des festins les plus somptueux, au milieu de la fumée des mets les plus recherchés, des vins les plus exquis. C'est là, Monseigneur, que vous avez promis de faire tout ce qu'on vous demanderait. Vous voulez tenir votre parole, faites, et que Jean-Baptiste périsse!

Un jour, s'il plaît à Dieu, je demanderai à Msr l'archevêque ce qu'il entend par « un homme dangereux, sans cervelle et un fou ». Jusqu'à présent j'avais cru qu'un homme dangereux, etc., était celui qui sème des doctrines funestes, comme les Arius, les Luther et toutes les pestes de ce genre; celui qui conspire contre le repos de la société; celui qui jette le trouble dans les familles; celui enfin qui, semblable à une bête féroce déchaînée, porte partout la terreur et la mort. Je puis avoir été contraire à l'injustice, à la violation des lois, à l'arbitraire, j'en conviens, et si on veut m'imposer le triste rôle de calomniateur et de faussaire, on me trouvera comme un mur d'airain; mais en dehors de cette juste fermeté, je ne crois pas avoir rien fait qui puisse justifier le qualificationss odieuses que Sa Grandeur a associées gratuitement à mon nom. Si Msr l'archevêque veut trouver des hommes dangereux, Sa Grandeur n'aura pas besoin de prendre à la main la lanterne de Diogène, ni de courir bien loin, oh! non, car il n'aura qu'à ouvrir la chronique de son diocèse pour trouver ce qu'il va chercher inutilement ailleurs.

Après tout ce que nous venons de dire, pourriez-vous soutenir, Monseigneur, que vous, nouvel évêque de Fréjus, vous n'avez rien appris de votre prédécesseur? Comment! je retrouve dans vos lettres les mêmes pensées, les mêmes phrases, voire même, les mots que je lis dans les lettres de votre prédécesseur; je rencontre, dans vos entretiens, les mêmes allures, la même morgue, le même ressentiment; je lis sur les traits de votre visage le même courroux de commande; comment, dès lors, n'être pas frappé de cette communion d'idées et de ce rapprochement entre deux hommes d'âge, de nature, de pays et de mœurs si différents; lors donc que vous venez me dire : « sans idée préconçue », je ne puis me méprendre, ni me faire illusion.

Mais sans remonter si haut pour trouver la raison des rigueurs que vous exercez contre moi, ne trouvez-vous pas chez vous le ferment dangereux qui *totam massam corrumpit?* « Venons-en à vos coadjuteurs et à ceux qui travaillent avec vous, vous dirai-je avec saint Bernard au pape Eugène : les uns sont vos familiers et les autres vos amis; s'ils sont bons, c'est pour vous surtout qu'ils sont bons, et s'ils sont mauvais, aussi. Vous n'êtes pas sain, si vos côtés sont malades; en d'autres termes : ne vous croyez pas bon, si vous vous appuyez sur des méchants. Qu'ils fassent bien ou mal, on doit s'en prendre à vous qui les avez choisis ou admis. Je ne parle pas ainsi de tous, car il y en a que vous n'avez pas choisis et qui vous ont choisi, et qui n'ont de pouvoir que celui que vous leur octroyez, que vous leur laissez. Or, vous êtes la cause de tout ce que fait celui qui sans vous ne pourrait rien. »

Et ici, souffrez, Monseigneur, que je vous dise ce que disait le *Journal des Débats* au Président de la République « Vous avez des ministres, ces ministres ont appartenu à des partis, ils en ont gardé une trop forte empreinte, il leur arrive de commettre bien des actes qui sont marqués au coin de l'imprévoyance, de l'intolérance et de la provocation. Au nom du ciel, séparez votre cause de la leur; roidissez-vous contre le danger, soyez vous-même, entièrement et toujours vous-même, rien que vous-même. Oubliez que vous avez des ministres, ne conservez nulle impression de ce qu'ils ont pu demander et recommander; gardez votre naïve bonté, votre naïf bon sens, votre native honnêteté, et, les ministres oubliés, ce que vous ferez ne sera pas sans fruit pour la pacification de votre diocèse, en proie, comme il ne fut jamais, aux angoisses de l'équivoque et de l'entente. »

L'ÉVÊQUE. — Et quoique penchant toujours par instinct et par devoir vers la miséricorde.

LE PRÊTRE. — Je veux croire, Monseigneur, que V. G. doive pencher toujours par instinct et par devoir vers la miséricorde; si l'église avait pû penser un moment que la chose n'était pas, jamais, à coup sûr, vous n'auriez été choisi pour évêque de Fréjus, ni pour aucun autre siége. « *Un évêque,* dit saint Paul,

doit être irrépréhensible. sobre, prudent, orné de vertus, hospi-
talier, juste, saint et de saine doctrine; » voici maintenant ce
qu'un évêque ne doit pas être, d'après saint Paul : « *Un évêque*
ne doit être ni adonné au vin, ni batailleur, ni querelleur, ni
colère, ni avare, ni cupide, etc. » Mais de ce qu'un évêque doit
ou ne doit pas être ce que dit saint Paul, s'ensuit-il que tous les
évêques réunissent toujours toutes les vertus énumérées par
ce grand apôtre, ou soient toujours exempts de défauts que
saint Paul ne voudrait jamais trouver dans un successeur des
apôtres ? oh ! non. « Non, dit saint Jérome, il est trop difficile
de se tenir à la hauteur des Pierre et des Paul qui règnent
maintenant dans le ciel ; aussi, ajoute-t-il, tous les évêques ne
sont pas évêques dans le sens strict du mot, et, si nous voyons
des Pierre et des Paul dans le Sacré-Collége, nous voyons aussi
un Juda. » Saint Cyprien va plus loin : il nous dit qu'«un
évêque est un oiseau rare ». *Rara avis.*

Pour en revenir à ce que vous me dites, Monseigneur, comment voulez vous que je puisse me persuader que Votre Grandeur penche toujours par instinct et par devoir vers la miséricorde, si, vis-à-vis de moi, vous penchez toujours vers la rigueur,
si vous lâchez les rênes à toute la fougue du plus impétueux
ressentiment, si vous cédez à une crainte puérile, si pour conserver la faveur d'un César détrôné, vous sacrifiez un pauvre
prêtre sans défense ? vous avez beau dire, Monseigneur, personne ne croira à vos paroles. Cessez donc de dire comme le
gouverneur romain : « *Je suis innocent du sang de ce juste.* » Le
public intelligent et sérieux ne ratifiera jamais votre jugement,
et vous ne passerez plus que pour le vil instrument d'une vengeance inique et l'exécuteur des hautes œuvres de votre prédécesseur.

Saint Bernard, quoique penchant toujours par instinct et par
devoir vers la miséricorde, avait cependant des moments de
sévérité qui ressentaient fort la colère, mais la miséricorde
prenait bientôt le dessus, aussi écoutez ce qu'il écrivait à l'abbé
Guidon : « Loin de moi ceux qui veulent me consoler ! non,
non, je ne pourrai recevoir aucune consolation, tant que je
verrai mon frère dans la désolation. Ainsi, si votre cœur est
touché comme le mien (et comment ne le serait-il pas !) quoique le frère (Jean) paraisse avoir dépassé malheureusement
toutes les règles, par ses sorties du monastère et sa dernière
rentrée, cependant comme il pense autrement que vous, vous

devez écouter, non-seulement avec patience, mais encore avec
bonté ce qu'il dit, qu'il a été calomnié, surtout s'il n'y a pas
d'autre moyen de l'attacher à Jésus-Christ, chose difficile en
communauté, mais bien plus difficile encore hors du monastère, comme vous le dit l'expérience. Ne dédaignez donc pas
de casser, en pleine assemblée, tous les jugements que vous
avez portés contre lui, afin de vaincre sa contumace par votre
humanité, s'il y a moyen de le recevoir régulièrement encore
cette fois. Et ne craignez pas qu'il y ait, dans cette rétractation, quelque chose qui déplaise à un Dieu miséricordieux
et bon, si la miséricorde l'emporte sur le sacrifice. »

L'ÉVÊQUE. — Je vous trouve absolument coupable,

LE PRÊTRE. — Moi coupable ! avez-vous bien pesé les paroles
que vous venez de prononcer ? savez-vous ce que signifie ce
foudroyant arrêt que vous venez de formuler ? oui, oui, Monseigneur, puisque vous ajoutez : absolument coupable ! Mais
de quoi, s'il vous plaît, et de quel crime horrible me suis-je
donc souillé pour avoir attiré sur moi toute la rigueur des lois
les plus sévères de l'Eglise, et tout le poids de l'indignation de
mon nouvel évêque ? Suis-je donc un empoisonneur public, un
voleur ou un assasin ? Quand la colère de votre prédécesseur
est tombée sur moi comme la foudre, j'ai repassé dans le
recueillement et la retraite les années de ma vie, et, avant de
sortir honteusement de mon presbytère, j'ai réuni les fidèles
de tout âge, de tout état, de toute condition, et je leur ai dit,
comme Samuël aux hébreux : « Voyons, répondez-moi, en
présence de Dieu et de son oint : ai-je volé à quelqu'un son âne
ou son bœuf ? ai-je calomnié quelqu'un ? ai-je opprimé la
veuve et l'orphelin ? ai-je commis enfin quelque crime ? parlez,
je suis prêt à me repentir, et à réparer le mal que j'ai fait. » Or,
s'est-il trouvé dans la foule un seul Valère pour répondre affir-
mativement à mes demandes ? non, Monseigneur ; tout le peuple, au contraire, a répondu d'une voix unanime : « Non, vous
n'avez pris à personne son âne, ni son bœuf, vous n'avez jamais
calomnié personne, vous n'avez jamais opprimé ni la veuve ni
l'orphelin, et vous n'avez jamais commis aucun crime. » et a

voulu me donner par écrit ces témoignages honorables. Et vous même, Monseigneur, ne m'avez-vous pas affirmé hautement et à plusieurs reprises, que, dans le dossier que vous avez feuilleté, vous n'aviez rien trouvé de grave sur mon compte? dès lors, ne suis-je pas en droit de demander ce que j'ai fait, car pour être en butte à tous les outrages, pour subir depuis plus de douze ans la peine la plus terrible qu'un prêtre puisse endurer, la suspense est une vraie dégradation de mon ordre!

L'ÉVÊQUE. — Vous êtes malheureux, sans doute très-malheureux,

LE PRÊTRE. — Pas d'hypocrite sensibilité, je vous en supplie, Monseigneur; oui, je suis malheureux, même très-malheureux et cent fois plus malheureux que ce que vous pouvez imaginer, puisque j'ai épuisé jusqu'à la lie la coupe de la colère de mon évêque, et que je dois boire encore le calice d'amertume que Votre Grandeur me prépare. Oh! qui dira les maux sans nombre, les misères et les humiliations qui sont sorties de cette boîte de Pandore qu'on appelle un évêché! qui pourra dire tout ce que la puissance la plus formidable unie à l'arbitraire le plus cruel peuvent enfanter pour le malheur d'un prêtre et pour la honte d'un diocèse?

Mais je dois le dire aussi à la gloire de la Providence : si mes malheurs ont été immenses, je n'ai pas été privé de toute consolation : comme Job sur son fumier, j'ai tout perdu dans la tempête excitée par le mauvais vouloir de votre prédécesseur ; mais j'ai sauvé du naufrage mon honneur, que vous ne pouvez me ravir malgré tous vos efforts; de sorte que j'ai pu dire comme un glorieux roi de France : « Tout est perdu sauf l'honneur ! » ensuite j'ai conservé la foi, bien plus précieux encore que tous les faux biens de ce monde. Or, vous devez en convenir, Monseigneur, avec l'honneur et la foi on est assez riche, et on peut marcher la tête haute et forcer ses ennemis à rougir de leurs méfaits. De plus, j'ai conservé dans mes rudes épreuves, la patience, ma force et mon courage, et je puis dire comme saint Laurent à ses persécuteurs : « Est-ce assez? tournez-moi! retournez-moi ! » vous pouvez manger votre victime, elle est assez cuite, et c'est un mets assez délicat pour votre palais blasé !

« Chez les chrétiens, nous dit saint Jérome, ce n'est pas celui qui souffre qui est le plus à plaindre et le plus malheureux, mais celui qui fait souffrir les autres. » Par le fait qui est plus malheureux de Pierre ou de Néron? Saint Pierre, il est vrai, meurt dans les souffrances; mais, en mourant, il arrose de son sang les fondements de l'Eglise qu'il a établie, il détrône les César et laisse à ses successeurs le gouvernement de l'Eglise, et, depuis dix-huit siècles, le nom de Pierre est glorifié dans ses successeurs par tous les peuples de la terre. Le nom seul de Néron est, au contraire, un opprobre et la qualification la plus odieuse que la société puisse infliger aux fléaux de l'humanité, aux persécuteurs de la vérité.

Fondé sur ce principe, qui est incontestable, ne me serait-il pas permis de vous demander, Monseigneur, si ceux qui sont la cause de mes maux sont heureux? Est-ce que votre prédécesseur, par exemple, coule des jours tissus d'or et de soie, depuis qu'il a lâché les rênes à son ressentiment? n'est-il pas assiégé, jour et nuit, par de noirs soucis, par des remords cuisants, par la pâle honte et par mille fantômes importuns qui ne lui laissent pas de repos? Et le nom de l'abbé Reynoard ne vient-il pas rôder sans cesse autour de lui, comme un horrible cauchemar? Est-il heureux lorsqu'il entend résonner à ses oreilles cette voix qui portait l'épouvante et la terreur dans l'âme d'un frère fratricide : *Caïn, Caïn, où est ton frère?* Et si le dommage que l'on cause à une seule âme est infini; s'il est plus grand que tous les maux qui peuvent peser sur la misérable humanité, quelle joie et quel bonheur peut goûter celui qui a perdu l'âme d'un prêtre, et avec ce prêtre tant d'autres âmes?

Je suis certain que mes supérieurs, malgré la victoire qu'ils ont remportée sur moi, ont souffert autant et plus que moi. Oh ! si vous saviez quel désarroi régnait à l'évêché quand une lettre arrivait de Rome ! Vite, il fallait assembler le conseil, il fallait consulter à droite et à gauche et on ne cessait de s'écrier : « Toujours ce prêtre ! Est-ce qu'il va s'acharner contre nous comme la teigne à nos habits ! »

Il fallait voir surtout l'embarras de mes supérieurs, quand il fallait répondre. On ne savait pas par quel mot commencer et on finissait par nier les choses qui étaient plus claires que le jour.

Votre prédécesseur a cru trouver le repos qui le fuyait dans une lâche démission de son siége : a-t-il réussi? a-t-il trouvé le bonheur? D'où viennent alors ses regrets tardifs sur sa démission? pourquoi ces plaintes amères et incessantes sur l'abandon où il se trouve? N'est-ce pas la peine du talion qui retombe sur lui de tout son poids? Le malheureux! ignorait-il que la reconnaissance n'est pas de ce monde, et que le souvenir des grâces reçues est un poids trop lourd à porter pour des hommes qui ne cherchent qu'à s'affranchir du joug importun qui les humilie?

Phèdre l'a dit : « Tant que vous serez heureux, puissant et riche, vous compterez beaucoup d'amis ; mais si l'infortune et le malheur viennent à vous envelopper, oh! alors, vous ne verrez plus personne, et vous resterez seul. » En effet, que cherchent les flagorneurs et les parasites? Vos grâces et vos faveurs; si vous n'avez plus de faveurs à répandre, des grâces à accorder, plus de camails à donner, des cures à remplir, adieu! disent les flatteurs. Et par le fait, à quoi bon venir courber le front, à quoi bon venir plier le genou devant une idole qui ne peut rien pour ses adorateurs? Votre vénéré prédécesseur serait-il encore assez simple pour croire que ceux qu'il a si malmenés viendraient lui adresser leurs remerciements? Que peut-il raisonnablement attendre de cette classe de gens, sinon le pardon et l'oubli? Dès lors votre prédécesseur ne devrait-il pas être content et heureux du sort qu'il s'est fait? N'a-t-il pas tout ce qu'il mérite? Non, et pourquoi? Parce qu'il ne ressemble que trop au cerf qui, blessé par une flèche, s'enfuit dans le creux de la forêt et ne peut trouver le repos, ni le remède au mal que cause en lui le fer meurtrier qu'il porte dans ses flancs.

L'ÉVÊQUE. — Je vous plains doublement,

LE PRÊTRE. — Oh! oh! quelle générosité! et pourquoi pas triplement? les paroles coûtent si peu à un supérieur. Mais voyons, Monseigneur, si les faits répondent aux paroles. Monseigneur Terris m'a trouvé sur la route dépouillé de tout, couvert de blessures, à demi-mort, et il me plaint doublement? Dieu soit loué! mon malheur va bientôt finir. Oui, Sa Grandeur versera sur mes plaies le vin de la force et l'huile de la douceur qui me rendront la vie et la santé. Ce n'est pas tout : dans l'état où je me trouve, je ne puis rester seul et sans secours sur une route ; aussi Votre Grandeur me fera monter dans sa voiture, me confiera à quelque hôtelier charitable, qui prendra soin de ma convalescence, et paiera les frais qui seront faits pour le rétablissement complet de ma santé.

Un homme du monde, un sauvage même et un samaritain pourraient agir de la sorte ; mais un lévite, un prêtre et surtout un évêque ? Fi donc ! jamais ! En effet, voyez venir Mgr Terris, vous ne voyez pas en lui ce fier dédain du lévite et du prêtre de la loi ancienne : le lévite passe sans s'arrêter, et le prêtre passe outre sans jeter seulement un regard de commisération sur le malheureux qu'il voit blessé sur une route. Mgr Terris, lui, évêque de la loi de grâce, lui ministre d'un Dieu de miséricorde, lui à qui le fils de Dieu à confié le soin des ouailles qu'il a rachetées de son sang, s'arrête ; S. G. voit le voyageur abandonné de tous, privé de tout secours et blessé ; Sa Grandeur compte toutes les blessures encore saignantes qui défigurent l'infortunée victime de la cruauté des voleurs ; Mgr Terris constate que l'état de la victime ne peut être plus alarmant, la prostration de ses forces plus complète, et le danger plus imminent ; il comprend que l'état de ce malheureux ne peut être plus digne de miséricorde. Oui, mais au lieu de soulager ou de consoler au moins une si grande infortune, il accable le patient de durs reproches, se rit de ses souffrances, et lui dit avec ironie : Ton malheur vient de toi même ! Comment ? de moi-même ? répond avec effort le blessé. Oui, de toi-même, je le répète. Pourquoi n'as-tu pas voulu consentir à te laisser dépouiller de tout ? Connais-tu bien ceux que tu appelles si outrageusement tes meurtriers ? Ne sais-tu pas que ceux qui ont voulu te dépouiller, sont un prêtre suivi de son lévite, et de quelques amis aussi respectables que dévoués ? Est-ce que la terre peut dire au potier : *pourquoi me faites-vous un vase d'ignominie ?* Est-ce qu'un berger n'a pas droit à la toison de ses brebis ? Au lieu de tenter de défendre inutilement ta bourse et ta vie, tu devais obéir sans mot dire, et alors, peut-être, tes persécuteurs auraient été assez humains pour te laisser la vie, et pour te permettre d'aller mendier ton pain ; mais tu as cru devoir défendre ta fortune et ta vie, et voilà pourquoi je te trouve dans ce piteux état. D'après tout ce que je viens de te dire, tu dois comprendre clairement que ton malheur vient de toi même. *Perditio tua ex te.*

Je te plains doublement, mais tu dois savoir aussi que la reconnaissance et les égards que je dois à tes meurtriers ne me permettent pas de faire un seul acte qui puisse paraître une condamnation de la conduite de mon vénéré prédécesseur. Tu sais d'ailleurs que les loups ne se mangent pas entre eux, comme dit le proverbe.

Il y aurait pourtant un moyen pour te permettre de vivre : oui, demande pardon et miséricorde à tes spoliateurs, rétracte toutes les paroles que la douleur peut avoir arrachées de ta bouche, rétracte tout ce que tu as dit, promets de te repentir, reconnais enfin la grandeur du crime que tu as eu le malheur de commettre envers ceux qui sont au-dessus de toi, puis expatrie-toi, quitte ton pays ; à ce prix, peut-être pourrai-je faire quelque chose pour toi. Mais si tu es incorrigible, si tu ne peux te résoudre à suivre les conseils que je te donne, je ne puis pousser plus avant ma miséricorde pour toi : je dois m'arrêter à ces dernières limites, et alors fais comme tu pourras : vis ou meurs.

Parlez franchement ; dites ce que vous pensez, Monseigneur, est-ce que j'exagère les choses ? Le tableau que je viens de tracer ne reproduit-il pas au naturel la conduite que vous avez tenue envers moi par vos lettres, par vos entretiens et par vos persécutions ? Et si mes malheurs ne viennent pas de mes supérieurs, d'où viennent-ils, dites-moi ?

L'ÉVÊQUE. — Votre malheur vient de vous-même, de votre obstination et de votre longue révolte. *Perditio tua ex te.*

LE PRÊTRE. — Trève de ces grands mots qui ne prouvent rien, qui ne peuvent tromper que les sots et ne marquent que le parti-pris d'achever le roseau à demi-brisé, d'éteindre la lampe qui fume encore, de tuer une victime.

Car enfin, Monseigneur, qu'appelez-vous obstination et longue révolte ? Et d'abord, qu'appelez-vous insubordination ?. Est-ce que quelqu'un au monde a le droit de m'obliger à me déshonorer, de me punir si je ne suis pas coupable, de me dépouiller du sacerdoce, de me mettre au pilori de l'infamie, de me baillonner, de me donner enfin la mort civile, la mort sacerdotale, la mort spirituelle et la mort naturelle, pourvu quelle soit assez lente, pour échapper aux rigueurs du Code pénal?

Définissons le mot insubordination, et voyons s'il peut s'appliquer à ma conduite. Une administration aveugle et tracassière a-t-elle le pouvoir de demander à un prêtre le sacrifice d'un bien que le prêtre ne peut ni ne doit immoler à personne, ni dans aucune circonstance, même au péril de sa vie? Il y aurait insubordination de la part de ce prêtre, s'il répondait à une demande inique. *Non licet! non possumus!* Un évêque, par exemple, peut-il imposer à un prêtre le sacrifice de son honneur sacerdotal, l'abandon de son repos, de sa fortune, de sa vie et l'abdication, partant de ses plus précieuses prérogatives? Jamais! répondra la justice; jamais, répèteront le droit et la raison! Eh! si j'avais été assez insensé pour céder à une volonté coupable, le sacerdoce tout entier ne se serait-il pas dressé pour me dire : comme citoyen, tu peux sacrifier volontairement un bien qui t'appartient en propre, tu peux jeter, si tu veux, ton argent à la mer, comme les Diogène ; tu peux abandonner ton patrimoine, vendre ta maison, donner ta vigne ; mais tu es prêtre aussi, et, à ce titre, tu ne peux sacrifier un bien dont tu n'es que l'usufruitier, et dont la propriété revient de droit à tout le clergé. Dans ce cas, la résistance du prêtre à ne pas vouloir sacrifier ce qui ne lui appartient pas, n'est plus imputable au prêtre qui remplit le plus saint des devoirs, mais aux supérieurs qui voudraient injustement s'affranchir des règles prescrites par l'Eglise.

Exposons brièvement les faits, qui diront plus que toutes nos paroles. Un calomniateur, un faussaire, pour se soustraire à des enquêtes dangereuses, nous dénonce au parquet comme faussaire; plus tard, il nous dénonce comme calomniateur de l'administration municipale; plus tard encore, il nous accuse de nouveaux délits, et demande avec acharnement notre condamnation. Le tribunal, à chaque dénonciation, ouvre une enquête minutieuse, consulte le Procureur Général du ressort, et finit par abandonner administrativement et judiciairement les plaintes portées contre nous, par la raison toute simple que les plaintes portées n'étaient que des calomnies sorties de la cervelle de notre diffamateur.

Le Tribunal, c'était son devoir et son droit, devait poursuivre d'office le calomniateur, et il ne l'a pas fait. M⁵ʳ votre prédécesseur devait prendre alors la défense d'un prêtre diffamé de la manière la plus scandaleuse ; il devait, du moins, s'enquérir si, parmi ses prêtres, il pouvait se rencontrer un homme capable de forfaire à l'honneur et de mériter le bagne. Or, qu'à fait votre prédécesseur ? Il nous a puni sans vouloir nous entendre ; il a voulu que nous fussions coupable quand même, et a voulu que nous sussions et que tout le monde sût que nous étions coupable.

Naturellement, nous avons été révolté de la conduite d'un tribunal qui laisse opprimer l'innocence et la faiblesse ; mais la conduite de l'Evêché a porté à son comble notre juste indignation. Aussi avons-nous refusé d'admettre, sans contrôle, toutes les décisions qui venaient de l'Evêché. Je le demande donc : avions-nous tort de ne pas recevoir de gaieté de cœur le jugement infâmant que votre prédécesseur avait formulé contre nous, de ne pas vouloir être puni sans avoir été jugé ni même entendu ? Et notre refus de ne pas vouloir passer pour un infâme faussaire, pour un vil calomniateur, pour un homme perdu d'honneur, serait traité d'insubordination ! Et Votre Grandeur aurait le sublime courage de venir renouveler plus de douze ans après, la même accusation ? Ah ! de grâce, Monseigneur, rengaînez vos compliments, et réservez-les, s'il vous plaît, pour quelqu'un qui sera plus digne de vos mépris.

Passons maintenant à l'accusation de longue révolte et voyons si elle est mieux méritée. Et d'abord, où voyez-vous, Monseigneur, cette longue révolte ? Qu'ai-je fait pour avoir attiré sur moi la flétrissure que vous me jetez à la face avec autant de complaisance que d'obstination ? J'ai cru être lésé et il y avait lieu, par le changement qui m'était imposé d'une manière aussi injuste que flétrissante ; mais je dois le dire, j'ai été bien plus lésé par les censures dont j'ai été frappé d'une manière aussi maladroite et si désastreuse, et j'ai interjeté appel canonique de ce double dommage dont m'avait gratifié la bienveillance de votre prédécesseur. Oui, Monseigneur, j'ai voulu faire respecter mes cheveux blancs, j'ai voulu conserver intact mon honneur. J'ai suivi le conseil que me donne l'Ecriture quand elle me dit : *Aie soin d'avoir un bon nom.* Je me devais ce soin et je le devais à l'honneur du sacerdoce. J'ai donc soumis ma cause au Tribunal suprême de l'Eglise, dont vous et moi nous sommes, quoique vous puissiez dire, les justiciables forcés. Or, dites-moi, Monseigneur, cet acte de ma part constitue-t-il une révolte? Oui, me direz-vous. Dans ce cas, Monseigneur, vous devez avouer que la résistance aux ordres les plus iniques d'un évêque, est le plus grand de tous les crimes; que l'opposition la plus insignifiante aux désirs d'un évêque est un plus grand forfait que le schisme et l'hérésie, que le blasphême et le parjure, que le vol et le meurtre. D'après vous, Monseigneur, les plus grands forfaits pourront obtenir grâce et miséricorde; mais une désobéissance à un évêque est un crime indigne de pardon, d'après les lois que vous vous êtes forgées dans votre évêché, qu'une désobéissance à un évêque est un crime irrémissible, un crime que toutes les peines infligées aux prisonniers, toutes les tortures imposées aux forçats et tous les tourments des martyrs ne sauraient jamais effacer.

Ah! Monseigneur, où avez-vous puisé les maximes désespérantes que vous préconisez? Ce n'est pas, à coup sûr, dans l'Evangile, ni dans la Tradition, ni dans le Code ecclésiastique. Vous ne les trouverez, ces théories, que dans le cœur de ces êtres féroces que la justice divine déchaîne de temps en temps sur les hommes pour épouvanter la terre et pour punir les crimes du monde. Mais alors, dites-moi, êtes-vous encore le pasteur et le père de votre diocèse? Etes-vous encore l'embassadeur du Très-Haut et le dispensateur des mystères divins, le représentant d'un Dieu de miséricorde? Oh! non; mais le ministre de l'enfer et le suppot de celui qui fut homicide dès le commencement.

Mais encore, Monseigneur, reconnaissez-vous le droit d'appel à tout fidèle et surtout à tout prêtre? Si vous ne reconnaissez pas à tout fidèle ou à tout prêtre le droit d'appel, vous déchirez la loi de l'Eglise, vous niez, vous anéantissez l'Evangile, et vous n'avez plus le droit ni de me juger, ni de me condamner même. Si, au contraire, vous reconnaissez à tout prêtre quelqu'il soit, le droit d'appel au Saint-Siége, pouvez-vous appeler de fait, une révolte, un acte dont vous reconnaissez en droit la légitimité? Mon appel canonique a-t-il été légitime? S'il n'a pas été légitime, qu'on me le dise; mais s'il est légitime, que réclamez-vous? Mon appel a-t-il été jugé? Jamais, comme nous le prouverons plus bas. J'ai fait, il est vrai, des efforts inouïs pendant plus de douze ans, pour obtenir un juge-

ment définitif de mon appel. Or, cette sentence a-t-elle été
rendue? Jamais! Mais si, après plus de douze ans d'efforts
inutiles, ma cause n'a pas même été jugée, pouvez-vous
m'accuser de contumace? Et, si je ne suis pas contumace, comment pouvez-vous m'appeler un révolté? D'où vient donc que
vous me prodiguez ces mots flétrissants de révolté et de rebelle
avec autant de perfidie que de malice? Vous abusez de ma
faiblesse, vous dénaturez les termes, vous vous prévalez de
votre force, et vous ne prenez pas garde que vous vous rendez
coupable d'un horrible attentat contre un prêtre faible et sans
défense, et que vous mettez le comble à un si grand crime,
quand vous écrasez sous le poids de votre autorité un prêtre
innocent que vous calomniez gratuitement, quand vous jetez
aux quatre vents de la publicité ce reproche de révolte et d'insubordination, de rebellion, de condamnation, contre un
prêtre que vous savez n'avoir jamais été ni rebelle, ni révolté,
ni condamné.

Mais ce « *perditio tua ex te* » me revient sans cessse à l'esprit
et me tourmente. Aussi, permettez-moi de vous le dire : est-ce
sérieusement que vous vous appesantissez sur ces mots et que
vous les soulignez? pourriez-vous soutenir consciencieusement
une pareille énormité? Voyez, Monseigneur, malgré tout le
respect que je dois à Votre Grandeur et toute la reconnaissance
que vous devez à votre prédécesseur, je suis forcé de
vous contredire et de proclamer avec autant de franchise
que de vérité, que ma perte ne vient pas de moi-même,
mais de votre prédécesseur et puis de vous. Oui, Monseigneur, si votre prédécesseur n'avait pas été un vil mercenaire
qui fuit quand le loup arrive, s'il avait eu des entrailles de
père, s'il avait pris au moins conseil de son honneur et de sa
considération, s'il avait connu les devoirs de sa charge, il
aurait fait comme le père de l'enfant prodigue et le bon pasteur de l'Evangile. Et si votre prédécesseur avait voulu me
trouver coupable à toute force et se laver aux yeux de mes
confrères et de tout le diocèse, de l'odieux que sa conduite par
trop aveugle et inhumaine avait fait rejaillir sur l'évêché, il
devait provoquer lui-même un jugement de mon appel, et
presser la solution de cette affaire. Est-ce à la brebis à
chercher le pasteur ou au pasteur à chercher sa brebis égarée?
« Le bon pasteur, nous dit l'Evangile, laisse là les quatre-vingt-
dix-neuf brebis fidèles, pour courir après la brebis perdue, et

va par monts et par vaux, s'il est nécessaire, et quand il a trouvé la brebis faible et blessée, il la charge sur ses épaules et la ramène au bercail. » Voilà, Monseigneur, voilà la conduite d'un vrai pasteur; voilà l'exemple que nous a donné celui qui donne sa vie pour ses ouailles; voilà l'exemple que nous ont donné les Charles Borromée, les de Belzunce, les Michel, les Ragimbaux, les Joly de Choin, un de vos admirables prédécesseurs; voilà l'exemple que nous ont donné tant d'autres saints pontifes qui avaient à cœur de suivre l'exemple du bon pasteur. Mais, disons-le aussi, voilà l'exemple que ni votre prédécesseur ni vous, n'avez su imiter.

Content de traire ses brebis et de se couvrir de leur toison, votre prédécesseur est allé deux fois à Rome, et, dans cette double circonstance, qu'a-t-il fait? Rien! Je me trompe, il a sollicité, ou du moins obtenu par un dévouement hypocrite, le titre de comte romain. Hors de là qu'a-t-il fait pour les affaires les plus sérieuses de son diocèse et pour un prêtre opprimé? Rien, moins que rien, puisqu'il a tout fait pour empêcher que mon affaire, qui était aussi la sienne, ne fût jugée; puisqu'il a mis tout en œuvre pour gagner mes agents, pour discréditer et éloigner mes avocats, pour tromper mes juges, pour faire écarter mon affaire et la faire traîner en longueur s'il ne pouvait l'étouffer.

Et vous-même, Monseigneur, avez-vous fait autre chose quand vous êtes allé à Rome? c'est donc votre prédécesseur et vous qui avez fait traîner mon affaire en longueur et non moi. Ma perte ne vient pas de moi-même, mais de votre prédécesseur et de vous. Cessez donc, Monseigneur, cessez de me dire : « Votre perte vient de vous-même », et alors vous ne me mettrez pas dans la pénible nécessité de répondre à votre accusation, vous ne m'obligerez pas à pousser ce cri de réprobation que je puis à peine contenir en moi-même, c'est votre prédécesseur et c'est vous qui avez tué votre brebis! Comment? Saint Augustin vous répondra : « Par le glaive de votre bouche, car vous avez aiguisé vos langues ». Quand l'avez-vous frappée? C'est lorsque vous avez crié : « Tolle, crucifiez-le! »

DEUXIÈME ENTRETIEN

L'ÉVÊQUE. — Vous me dispenserez de vous rappeler les tristes détails que je trouve dans votre dossier,

LE PRÊTRE. — Vraiment je n'aurais jamais cru avoir la bonne fortune de pouvoir accorder des dispenses à mon évêque, et je vous avoue, Monseigneur, que vous me jetez dans un terrible embarras. Comment, moi vous dispenser, Monseigneur, mais de quoi, s'il vous plaît ? et vous ajoutez : « De vous rappeler les tristes détails que je trouve dans votre dossier. »

Ceci est un peu fort ! Franchement, Monseigneur, me croiriez-vous assez niais pour consentir à être accusé, jugé et condamné sans avoir pris connaissance des pièces d'un procès qui a pour moi des suites aussi funestes? Tout accusé a droit de recevoir communication de l'enquête qui a été faite contre lui, afin qu'il puisse dresser sa défense, et vous, Monseigneur, vous venez me dire : « Vous me dispenserez de vous rappeler les tristes détails que je trouve dans votre dossier ! » Mais non, Monseigneur, non, je ne vous dispense de rien, au contraire, je veux connaître enfin et une fois pour toutes, la nature et la source des plaintes qui ont été portées contre moi, et, en aucune manière, je ne puis me contenter d'une accusation vague et générale ; il faut donc que je connaisse nécessairement les noms des témoins honorables et irrécusables qui ont déposé contre moi dans cette triste affaire ; il faut que je sonde toute la profondeur des griefs articulés, toute la turpitude des calomnies inventées pour me perdre, dans les lettres signées ou anonymes qui ont été adressées à l'évêché. La chose n'est pas possible, me direz-vous. Pas possible ! mais ce qui est impossible, c'est qu'un homme, et surtout un prêtre, puisse être accusé, jugé, condamné et puni s'il n'a pas les moyens d'être entendu, s'il ne peut se défendre. Or, comment puis-je me défendre si je ne connais ni les griefs articulés contre moi et qui ont servi de base au procès monstrueux dont je suis la victime, ni le nombre et le nom des témoins qui ont déposé contre moi. Ce que vous tenez tant à me cacher est donc ce qu'il m'importe le plus de connaître. Je le répète donc, Monseigneur, dites-moi le nombre et les noms des témoins qui me font, depuis si longues années, une guerre aussi déloyale qu'acharnée, et, croyez-le, Votre Grandeur trouvera, dans le nombre des témoins que vous me signalerez, plus d'un calomniateur et plus d'un faussaire, bien plus digne du bagne que de la confiance épiscopale.

Quel bonheur si je pouvais démasquer enfin et traîner au grand jour de la publicité les supercheries, les calomnies et la perversité de tous ceux qui ont contribué à ma perte! si je pouvais montrer la source honteuse où ils ont puisé les sentiments dépravés qu'ils nourrissent contre moi! Quelle joie surtout si je pouvais prouver à tout le monde que mes calomniateurs sont seuls coupables des horreurs dont ils ont voulu me souiller! Quelle gloire aussi pour l'Evêché et pour le clergé du diocèse, si je pouvais parvenir à leur montrer l'horreur et la profondeur de l'abîme où des hommes perdus cherchent à les précipiter! Mais disons-le aussi, quelle honte et quel opprobre pour un Evêché s'il était démontré judiciairement qu'il a sciemment voulu être trompé! Vous ne pouvez me refuser les renseignements que je réclame sans me faire croire que l'Evêché est le plus terrible des tribunaux, la plus affreuse des inquisitions et un véritable *judicium Wesphaliæ*, de si lugubre mémoire; enfin une officine d'iniquités.

Parlez, parlez donc, Monseigneur, « rappelez-moi tous les tristes détails que vous avez trouvés dans mon dossier », et alors je pourrai savoir enfin comment j'ai été jugé sans miséricorde, condamné sans pitié et puni sans mesure aucune; parlez donc, je le répète, allez, je suis assez aguerri, assez éprouvé pour être à même de tout entendre sans mourir; je vous promets même, foi d'honnête homme et de prêtre, de répondre péremptoirement à toutes les attaques, de démasquer toutes les calomnies, de traîner même devant les tribunaux mes infâmes calomniateurs et de venger toutes les injures que j'ai reçues, d'où qu'elles viennent.

Mais non, Monseigneur, vous ne parlerez pas, parce qu'il n'est pas prudent que les mystères d'iniquité qui se passent dans un Evêché arrivent au grand jour; cette révélation serait

3

trop compromettante pour l'honneur de l'épiscopat et la tranquillité de ces espions et de ces faussaires qui renseignent les évêques avec autant de sincérité que de prudence et de profit.

L'ÉVÊQUE. — Et qui ont leur point de départ dans ces deux faits : qu'en 1856 d'abord et en 1865 ensuite, vous avez voulu faire la loi à votre évêque,

LE PRÊTRE. — Vos paroles, Monseigneur, sont pour mon cœur un baume salutaire, un encens d'une agréable odeur et un trait de lumière qui me fait entrevoir le jour à travers le voile sous lequel vous vous enveloppez. Pesons bien tous les mots que vous venez deprononcer et vous verrez que vous me donnez, sans y prendre garde, la preuve la plus complète de tout ce que Votre Grandeur a eu la bonté de me dire à Rome et de me répéter à Fréjus, à savoir que, dans le dossier que vous avez feuilleté, vous n'avez rien trouvé de grave sur la moralité de l'abbé Reynoard.

Vous me donnez encore la certitude que tout mon crime et tous mes torts « ont leur point de départ dans ces deux faits : que j'ai voulu faire la loi à mon évêque ».

Voilà, si je ne me trompe, la désobéissance qui revient sur l'eau. Dans le jugement inique prononcé contre moi le 10 juillet 1865, votre prédécesseur présentait cette désobéissance sous quatre phases différentes, ni plus ni moins que ce que la lune a de quartiers. Chez vous, Monseigneur, la désobéissance paraît affublée de la redingote d'un pédagogue, ou, si vous voulez, du manteau de Lycurgue ; c'est votre appréciation, je veux le croire, mais ce n'est pas la mienne ; et si je réduis les faits à leur plus simple expression, voici comment je les résume : je ne puis partir d'ici pour cette raison, et je ne puis aller là pour tel motif. Or, y a-t-il dans ces deux faits autre chose que ce qu'on appelle une désobéissance. Depuis vingt ans, me reproche-t-on autre chose que cette désobéissance ? Voilà donc le point de départ de mon affaire, et la source d'où sont sortis les tristes détails que vous avez trouvés dans mon dossier.

Mais vous devez en convenir, Monseigneur, la source n'est

pas le ruisseau qui peut, en s'éloignant, traverser tel milieu qui change la nature de ses eaux. Nous devons donc distinguer le fait principal de ses suites, et si vous avez un certain droit, ce que je nie, de me reprocher ma désobéissance, vous n'avez pas le même droit de me faire un crime capital des suites que le fait primitif a eues.

Dans un mémoire imprimé pour Rome seulement, j'ai trop prouvé que dans les deux faits que vous me reprochez pour la centième fois, je ne pouvais ni ne devais obéir à un ordre trop rigoureux, despotique même, de mon évêque, pour revenir en ce moment sur ce chapitre; restent donc les tristes détails que vous avez trouvés dans mon dossier et que je dois examiner. Vous ne serez pas assez contraire à vous-même pour soutenir que ces tristes détails soient entrés pour quelque chose dans les deux faits que Votre Grandeur me rappelle. Oh! non, Monseigneur, l'anachronisme serait trop fort et trop absurde. Pouvez-vous sans rire prononcer le mot de « tristes détails », je ne le pense pas; car enfin, quels sont les tristes détails que vous avez trouvés dans mon dossier? Ce sont : 1° les efforts que mes ennemis ont faits pour achever leur triste besogne, et je comprends facilement tout ce qu'ils ont pû faire ou écrire pour arriver à leur fin; 2° ces tristes détails sont aussi les réflexions que l'Evêché a pû faire et qui, certes, ne doivent pas être en ma faveur. Je crois même qu'un évêque qui ne peut satisfaire sa rancune, puisse distiller sa bile noire sur un docile papier; 3° ces tristes détails sont enfin les efforts que j'ai faits moi-même pour défendre ma cause, les plaintes justes et amères que j'ai fait entendre à Fréjus, à Rome et ailleurs, mais en vain, pour obtenir un semblant de justice.

Est-ce que ma conduite vous étonne, Monseigneur. Quand vous écrasez le ver sous vos pieds, il remue. Oui, me direz-vous; mais il ne devrait pas remuer, parce qu'il pourrait me blesser comme le scorpion. J'en conviens; mais peut-on contrarier la nature, et croyez-vous de bonne foi, que tout le monde ait la stoïque force de ce philosophe qui, pilé dans un mortier, s'écriait : « Non, douleur, tu n'est point un mal! » Je comprends très-bien que le silence de la victime n'éveillerait pas les remords, le persécuteur pourrait reposer en paix et se dire même : « J'ai fait le mal, et que m'est-il arrivé de fâcheux? Amis, flatteurs et ennemis dorment tous autour de moi, fermons aussi les yeux et dormons! » Mais non, le sang d'Abel crie et demande vengeance; l'excès de la douleur arrache du fond des entrailles d'un homme persécuté, des plaintes et des gémissements, et vous lui dites : taisez-vous! Comment, les tribunaux civils laissent à un coupable frappé du glaive de la loi, un quart d'heure pour maudire ses juges, et le tribunal d'un évêque ne me laisserait pas cette triste et dernière consolation, si je suis innocent? Que dis-je tribunal? « Ah! ne profanons pas ce mot, dit Reisfentuel; qui dit tribunal, dit jugement, procédure, enquête, monition, libre défense. » Or, voyons-nous quelque chose de tel au soi-disant tribunal d'un évêque? Le tribunal d'un évêque est-il autre chose qu'une amère dérision et la négation de toute justice? Ne frappe-t-il pas comme la foudre? Et vous vous étonnez, Monseigneur, si j'ai crié, si je me suis plaint, si je me suis défendu avec énergie. Est-ce sans raison? En me défendant, je n'ai fait que ce que tout autre eût fait à ma place, et ce que vous eussiez fait vous-même, si vous eussiez conservé le sentiment de votre dignité. Donc si j'ai repoussé la force par la force, si j'ai usé du droit de légitime défense, vous n'avez pas le droit d'appeler mes efforts « de tristes détails », et je puis vous prédire que vous en verrez bien d'autres plus tristes encore, et qui ne seront ni plus tristes, ni moins mérités, ni moins nécessaires pour démasquer l'injure et la calomnie.

L'ÉVÊQUE. — Vous avez voulu faire la loi à votre évêque,

LE PRÊTRE. — Qui? Moi, grand Dieu! Vous plaisantez, Monseigneur; car enfin, qui a pû faire entrer dans votre tête qu'un pauvre prêtre ait osé porter si haut ses prétentions? Moi, faire la loi à mon évêque! Oh! j'étais trop heureux que Sa Grandeur consentît à m'oublier. Aussi, je vous assure que pour ne pas éveiller le chien qui dort, je ne me suis jamais permis de demander la moindre grâce à mon évêque. Et vous, Monseigneur, vous me croiriez assez sot, assez fou pour me permettre, je ne dis pas de faire la loi à mon évêque, mais seulement de le régenter, de prétendre lui donner des leçons et des ordres? Oh! non, je n'ai jamais eu pareille vanité.

D'ailleurs, Monseigneur, comment voulez-vous que j'eusse seulement la pensée de faire la loi à mon évêque, quand je savais pertinemment, comme tout le monde, que mon évêque était plus insensible que le rocher le plus dur, plus entêté que qui que ce soit, plus inflammable que la poudre et plus enti- ché de son autorité que les Pharaon et les Nabuchodonosor sur leurs trônes. *La foi peut transporter les montagnes*, nous dit l'Evangile; mais changez, si vous le pouvez, un évêque qui, plutôt que de revenir sur ses pas, foule aux pieds les droits de la justice, les règles de l'Eglise et de la saine raison. Pour moi, je n'entreprendrai jamais pareille besogne, parce que je serais assuré, par avance, de perdre ma peine et mon argent. S'il en est ainsi, Monseigneur, comment ai-je pû vouloir faire la loi à mon évêque? — Oui. oui. me répondez-vous. — Et comment?

L'ÉVÊQUE. — En refusant de vous rendre aux postes que l'autorité diocésaine. usant d'un droit indiscutable. vous assignait,

LE PRÊTRE. — Les postes que l'autorité diocésaine m'assi- gnait étaient ou une récompense, ou une disgrâce et une peine. Si les postes que l'autorité diocésaine m'assignait étaient une récompense, je ne vois pas pourquoi il ne me serait pas permis de refuser une récompense dont je me crois indigne, ou si elle m'imposait des devoirs qui fussent au-dessus de mes forces. Combien ont refusé des évêchés, non pas de nos jours, mais autrefois. On a vu des papes renoncer à la tiare, des car- dinaux à la pourpre, des évêques à la mitre, des curés a leurs paroisses; pourquoi donc ne serait-il pas permis a un recteur de renoncer à un *quandiu*, alors surtout qu'il n'a jamais rien fait pour le diocèse? Une paroisse qui me serait donnée en récompense ne me reprocherait-elle pas cent fois le jour mon indignité?

Si les postes qui m'étaient assignés étaient, au contraire, une peine et une disgrâce et par conséquent une honte, n'ai-je pas le droit de dire à mes supérieurs : *Si j'ai bien parlé pourquoi me frappez-vous, et si j'ai mal parlé montrez-le moi?* Ne pourrais- je pas dire aussi. dans ces circonstances difficiles, ce que saint

Paul répondait à ses juges : *Si j'ai nui à quelqu'un, ou si j'ai fait quelque chose qui mérite la mort, je ne refuse pas de mourir ; mais si je n'ai nui à personne et si je ne suis coupable d'aucun crime qui mérite la mort, vous n'avez pas le droit de me livrer à mes ennemis, et j'en appelle à César !* N'ai-je pas suivi la loi de l'Eglise ?

L'ÉVÊQUE. — Usant d'un droit indiscutable,

LE PRÊTRE. — Je ne sais, Monseigneur, si le droit canon qui régit l'Eglise de France permet à un évêque d'infliger à un prêtre une paroisse ; ce que je sais, c'est que tout prêtre, je l'ai dit plus haut, a le droit indiscutable de refuser ou d'accepter le poste qu'il lui est offert, soit comme récompense, soit comme punition. Ce que je sais encore, c'est qu'un prêtre, d'après les lois de l'Eglise, de l'usage et de la raison, ne peut passer d'une paroisse plus grande à une paroisse plus petite, à moins qu'il n'ait démérité, et qu'un évêque qui a le droit d'élever seul un prêtre ne peut pas le dégrader seul (Thomassin) ; le mot « indiscutable » est donc trop fort, et d'ailleurs il a le désavantage de ne pouvoir être appliqué à la paroisse offerte, assignée, mais à la paroisse enlevée, et je dis que, même dans ce cas, le droit d'un évêque est discutable et même très-discutable. Et oui, Monseigneur, ne m'obligez pas à prouver pièces en mains, tout le contraire de ce que vous avez avancé sur les fausses maximes qui règnent dans certains évêchés. « Comment, vous croiriez avoir le pouvoir de mutiler les églises de leurs membres, de confondre l'ordre établi, de changer de place les termes que nos pères ont posés ? (Alex. III.) » « S'il est de la justice de rendre à chacun ce qui lui est dû, comment pourrait-il être permis d'enlever à quelqu'un ce qui lui appartient », nous dit un saint père. Un capitulaire de Pépin dit absolument « que les clercs de tout ordre et de tout grade soient et demeurent dans les endroits où ils ont été nommés et placés pour maîtres, c'est-à-dire pour curés. » Oui, mais les articles organiques ne sont-ils pas formels ? Non, et voici la raison de ma négation : Un droit conditionnel n'est-il pas toujours discutable ? or, pourriez-vous me prouver que le droit de changer les recteurs *ad nutum*, à *volonté* n'est pas conditionnel? Grégoire XVI, d'heureuse mémoire, ne mettait-il pas de prudentes restrictions au droit qu'il paraissait concéder de changer *ad nutum* les recteurs. En répondant à la supplique de Mʳ van Bonnel, évêque de Liège, permettait-il de faire des changements à tort et à travers? Non, il fallait que ces changements fussent faits pour de justes motifs, rarement, prudemment et paternellement, afin de se rapprocher le plus possible, de l'inamovibilité prescrite par l'Eglise. Je vais plus loin : un changement fait dans les conditions voulues, oblige-t-il toujours? En d'autres termes : un évêque a-t-il le droit indiscutable de changer un recteur s'il observe les sages tempéraments de Grégoire XVI? Non, car, même dans ce cas, le droit d'un évêque est discutable, et voici dans quelles circonstances : Un évêque qui a les raisons les plus plausibles ne peut transférer un recteur d'une paroisse à une autre, s'il y a danger de diffamation pour le prêtre transféré. Or, dans les circonstances que vous m'avez rappelées, « dans les deux faits qui sont le point de départ de mon affaire », il n'y avait pas danger seulement de diffamation, mais la diffamation existait avec ses plus hideuses circonstances. Et vous, Monseigneur, vous voudriez que j'eusse mis moi-même le sceau à ma honte, à mon infamie?

L'ÉVÊQUE. — Il en est résulté, au détriment de votre âme,

LE PRÊTRE. — Que de choses dans ce peu de paroles! reprenons : « Il en est résulté au détriment de votre âme. » Dites donc au détriment de ma bourse, de mon repos, de ma santé, de ma considération, et l'on pourra vous croire ; mais au détriment de mon âme? Ah! ne le croyez pas, ou bien il faudra dire que les Boudon, les Philippe de Néri, les La Salle, les Antoine, les Bruno et tant d'autres ont plus perdu que gagné dans les dures épreuves que la Providence ménageait à ces âmes d'élite pour les sanctifier; il faudra ajouter que les persécutions que des évêques suscitèrent contre ces bienheureux serviteurs de Dieu tournèrent au détriment de leurs âmes; il faudra dire aussi que les Paul, les Antoine, les Hilarion, les Marie Egyp-

tienne, et tant d'autres que l'esprit de Dieu poussait dans les
déserts, ont plus perdu que gagné en fuyant volontairement le
monde ; que Jeanne d'Arc, privée de Sacrements à sa dernière
heure par un indigne évêque a plus perdu que gagné. Tous ces
héros de la foi, suivant les inspirations de la grâce, ou avaient
désobéi à leurs évêques pour soutenir les droits de la justice
et de la vérité, ou n'avaient pas voulu faire une amende honorable à laquelle un pouvoir despotique les obligeait.

Saint Grégoire de Nazianze n'aurait pas été de votre avis, lui
qui disait à un prêtre dans ma position : « Vous ne pouvez plus
chanter les louanges de Dieu, vous ne pouvez plus exercer les
fonctions de votre ministère, mais vous pouvez vaquer à la
prière, à la contemplation et mériter encore le denier que le
céleste père de famille prépare à ses serviteurs, il y a plus
d'un chemin qui mène à Dieu. » Je ne suis qu'un ver de terre
à côté de ces âmes héroïques dont j'ai parlé plus haut ; mais si
les Paul et les Marie Egyptienne ont pu se priver par choix,
des Sacrements, pourquoi ne pourrai-je pas me sauver moi-
même, si la violence et la force m'empêchent de m'abreuver
plus souvent à ces sources de la grâce, si un père inhumain me
donne une pierre et un scorpion au lieu du pain que je lui
demande ?

Aussi, je vous assure, Monseigneur, que les rudes épreuves
que j'ai endurées n'ont pas été sans fruit, même spirituels,
pour ma pauvre âme, et que j'ai pù dire avec saint Paul : *que
la vertu se fortifie dans l'infirmité.* Oui, Monseigneur, jusqu'à
cette époque malheureuse, je n'avais trouvé dans le service des
autels qu'un chemin semé, pour ainsi dire, de feuilles et de
fleurs. Depuis la triste affaire qui nous occupe encore depuis
plus de douze ans, j'ai pù faire mes premières armes, m'aguer-
rir par la fatigue de la lutte et soutenir vaillamment une guerre
acharnée. Que de peines pour résister à la chair et au sang !
que de rudes combats pour ne pas succomber aux perfides
conseils que le tentateur et ses suppots me suggéraient ! « Cède,
me crie-t-on de tout côté, ou du moins fais semblant de céder
et l'on te fera un pont d'or, l'on te rendra l'affection de tes confrères et un avenir plus heureux que jamais suivra ce faible
sacrifice d'un moment. » Une voix plus perfide encore me
disait : « Vois, vois, le repos, l'abondance, tout cela est à toi, si
tu te prosternes à mes pieds pour m'adorer. » Après les promesses, sont venues les menaces. mais elles ont été vaines. J'ai

vu tomber sur moi la peine, la misère, la gêne, les angoisses, les sacrifices, tout à été inutile; comme le vieillard Eléazar, je n'ai pas voulu souiller mes cheveux blancs par un sacrifice que ma conscience réprouvait, ni donner à mes bien-aimés confrères et aux fidèles le triste exemple d'une lâche dissimulation ou d'une honteuse défaillance : or, n'est-ce rien ?

Un avantage immense que j'ai trouvé aussi dans mes épreuves, c'est celui d'avoir pû connaître enfin toute la futilité de l'amitié, tout le néant de la faveur, toute la fragilité des biens de ce monde, en un mot, tout le néant des choses de la terre. Oh ! combien de fois ne me suis-je pas écrié avec le sage, à la vue de la comédie que joue l'aveugle humanité : *Vanité des vanités, tout est vanité.*

Souvent, je l'avoue, j'ai senti mes forces m'abandonner et mon cœur défaillir; mais puis-je dire avec le Prophète, que c'est parce que *j'ai oublié de manger mon pain?* Ai-je cessé un seul jour de demander à Dieu, avec le pain de tous les jours, *le pain supersubstantiel* de mon âme? *Oh! combien, dans la maison de mon père abondent de pain, et moi, je meurs ici de faim; les enfants ont demandé du pain et personne ne leur en donnait.* On me disait comme dans l'épître saint Jacques : *ite et manducamini, allez et rassasiez-vous!* Mais où? si vous me fermez la porte du sanctuaire! « Etes-vous les maîtres ou les dispensateurs des choses saintes, » disait Massillon. Si vous me refusez donc les grâces que Dieu me destine, ne répondrez-vous pas, devant Dieu et devant le monde, des dommages que me cause votre cruauté; ne répondrez-vous pas du bien que j'aurais pû faire et que je n'ai pas fait; des âmes que j'aurais pû sauver, des sacrifices que j'aurais offerts; du mal que puis avoir fait, faute des secours qui m'étaient nécessaires et don. l'Evêché a si criminellement tari la source!

L'ÉVÊQUE. — Et de l'édification qu'un prêtre doit à tous,

LE PRÊTRE. — Oh! c'est vrai, Monseigneur; mais si un prêtre *doit-être le sel de la terre et la lumière du monde,* seriez-vous assez bon pour me dire si je suis devenu un *sel affadi qui n'est plus bon qu'à être jeté aux cochons,* comme dit saint

Jérome ; pourriez-vous me dire aussi si je suis devenu une
lumière éteinte, qui ne répend plus que ténèbres ? Je crois que
la chose serait difficile.

Vous m'avez précipité dans un bourbier, je le sais ; vous
m'avez jeté bas du chandelier pour me placer sous un boisseau,
en d'autres termes : vous m'avez lié les pieds et les bras, vous
m'avez fermé la bouche, vous m'avez empêché de chanter les
louanges de Dieu ! Le dernier des goujats peut impunément
prêcher le mensonge et l'impiété ; une presse licencieuse et
impie peut vomir le venin de l'erreur et de l'immoralité par
cent voix différentes, et un prêtre ne peut défendre ni sa religion
ni son Dieu ? Les faux christs et les faux prophètes pullulent
dans le monde et séduisent les peuples et, quand *la moisson est*
abondante partout, quand les ouvriers manquent dans la vigne
du Seigneur, je dois rester les bras croisés de par mon évêque.
Est-ce qu'il n'entend pas la voix du père de famille qui lui crie :
envoyez des ouvriers à ma vigne. Oui, il l'entend, et au lieu
d'obéir, il livre à des loups dévorants les chiens de la maison
d'Israël.

Et ma lampe, Monseigneur, a-t-elle cessé de luire dans les
ténèbres malgré tous les efforts que vous avez faits pour
l'étouffer ? ai-je cessé de pratiquer les vertus de ma position,
la prière, le silence, la mortification et la patience ? ai-je été
un sujet de scandale pour mes frères ? ai-je donné le moindre
conseil contraire aux maximes de l'Evangile ? ai-je enfin cessé,
un seul moment, de marcher dans la voie que des prêtres vénérables et nos modèles nous ont tracée ? pourriez-vous vous
inscrire en faux contre ce que je dis ? faites, si vous l'osez ;
mais tous les pays que j'ai habités ou fréquentés depuis cinquante ans, des contrées entières se lèveront indignées pour
vous dire : « Monseigneur, vous avez été horriblement trompé ;
ce que vous dites n'est qu'une calomnie atroce, un mensonge
abominable.

Mais si le prêtre doit *être le sel de la terre et la lumière du*
monde, que doit être l'évêque, lui qui est ou doit être le pasteur ; au lieu de me répondre, vous criez au scandale et vous
dites :

L'ÉVÊQUE. — Un scandale intolérable.

LE PRÊTRE. — Un scandale intolérable, Monseigneur ? Mon cœur bondit d'indignation et la plume me tombe des mains à une pareille accusation ; faisons cependant un effort suprême sur nous-même pour répondre à vos reproches. Où voyez-vous un scandale intolérable et qui l'a donné, s'il vous plaît ? est-ce moi ou votre prédécesseur ? par le fait, « est-ce celui qui souffre les injures et les insultes, celui qui est persécuté à outrance qui scandalise ses frères, ou bien celui qui, lâchant les rênes à son ressentiment, s'abandonne à toute la fougue de sa colère ; celui qui pour un manque de soumission à ses ordres, pour un mot mal sonnant envers un de ses grands vicaires, pour un rien, entretient des discordes éternelles, dit saint Hilaire, et donne à tout un diocèse l'exemple contagieux de tous les vices où la faiblesse et la malice humaines sont bien plutôt entraînées que dans la voie des sacrifices. »

Après tout, Monseigneur, en quoi consiste ce scandale intolérable que vous m'imputez ? nous n'avons qu'à définir le scandale et vous verrez que vous vous méprenez étrangement dans vos reproches ; car enfin qu'est-ce que le scandale ? « C'est, nous dit la Théologie, toute action qui expose le prochain à sa ruine spirituelle ; le scandale est donné ou reçu. » Cela posé, je vous le demande, qu'ai-je fait qui ait pû offrir à quelqu'un une occasion de ruine spirituelle, si je n'ai fait qu'user d'un droit que l'Eglise m'accorde ? qui a pu se scandaliser raisonnablement de ma conduite, sinon des pharisiens et des hommes que je ne puis choisir pour juges de mes œuvres ?

Je dis plus, Monseigneur, qui sont ceux qui se sont scandalisés, est-ce le prêtre ou le fidèle ? Le prêtre ! le prêtre ! En avez-vous vu beaucoup qui se soient jetés dans la voie douloureuse dans laquelle m'a précipité la violence de votre prédécesseur ? en voyez-vous beaucoup qui aient osé prendre la défense d'un confrère persécuté ? Terrifiés par le spectacle lamentable de mes épreuves, les prêtres ne sont-ils pas les spectateurs muets et impassibles d'une lutte qu'ils approuvent en secret ? Ces hommes aplatis par la peur que vous leur inspirez, recevront comme de l'eau bénite, toutes les peines qu'il plaira à Votre Grandeur de leur infliger ; ils courberont la tête sous le joug que vous leur imposerez, quelque lourd qu'il puisse être ; ils frémiront de rage et rongeront, comme le nègre, les chaines pesantes dont vous les lierez ; mais ils garderont, du moins en public, un morne silence, le silence de la mort ! Oh ! ne craignez rien, Monseigneur, de ces prêtres abâtardis par la peur, ils ne troubleront jamais votre repos, et ils seront bien loin de se scandaliser et d'imiter leur malheureux confrère.

Et les fidèles, Monseigneur, les fidèles se sont-ils scandalisés? ont-ils levé l'étendard de la révolte? Jamais! Ils maudissent tout bas la religion qui leur donne des pasteurs qui ne ressemblent que trop à ceux dont Dieu se plaint par son prophète. S'ils blasphèment contre la manière dont la religion est pratiquée; s'ils poursuivent les prêtres de leurs sarcasmes; s'ils détestent l'autorité; s'ils s'insurgent contre le souverain pasteur et lui disputent ses divines prérogatives; s'ils refusent les secours de la religion, est-ce vous ou moi qui en sommes la cause? est-ce vous ou moi qui les avons précipités dans cette voie de perdition, qui les avons exaspérés par notre inhumanité, par nos rancunes, par nos hauteurs et par l'oubli de tous les sentiments qui devraient nous animer? C'est donc vous qui faites blasphêmer le nom du Très-Haut, qui enseignez aux peuples à fouler aux pieds ce qu'il y a de plus saint au ciel et sur la terre, qui leur apprenez enfin à être durs, inhumains, colères, fiers et emportés; c'est donc vous qui les avez scandalisés et ce n'est pas moi. « Les ministres, dit l'Écriture, sont comme le juge du peuple; et tel est le chef de la cité, tels sont ceux qui l'habitent. » (Ecclésiast.) « Les supérieurs, dit saint Bernard, sont établis et formés de telle manière qu'ils puissent être un miroir et un modèle d'honnêteté et d'ordre. » « Or, nous dit saint Jean-Chrysostome, comment voulez vous que les peuples soient ce que vous désirez, si, par vos détestables exemples, vous les entraînez dans une voie contraire ?

L'ÉVÊQUE. — Auquel Mᵍʳ Jordany a dû répondre par l'interdit dont vous fûtes frappé,

LE PRÊTRE. — Pardon, Monseigneur, vous avez confondu, par mégarde sans doute, deux choses qui sont cependant bien distinctes : la suspense et l'interdit; l'un n'est pas l'autre, tant s'en faut. Si je me permets cette observation, Monseigneur, ce n'est pas faire la loi à mon évêque, oh! non, mais pour appeler les choses par leur nom, d'abord, et ensuite, pour prévenir le mal que vous pourriez me faire à l'aide d'une substitution de mots, toute chose qui peut arriver volontairement ou involontairement.

L'interdit prive tel ou tel prêtre d'exercer telle ou telle fonction de son ordre dans tel ou tel lieu ; cette peine dure autant de temps que celui qui l'a portée ne la retire pas. La suspense, au contraire, prive de sa nature, soit des fonctions de son ordre *ab officio* et suit partout le prêtre qui est frappé de cette censure ; mais tombe d'elle-même à la mort, à la démission ou au transfert à un autre évêché de celui qui l'a portée, ou bien par un celebret que le supérieur accorde purement et simplement et sans condition au prêtre suspens. Je dis sans condition, parce qu'un celebret conditionnel changerait une suspense en interdit et substituerait ainsi une peine à une autre, ce qui ne peut se faire, à moins que le prêtre suspens ne fournisse matière à une nouvelle peine qui devrait être imposée par un jugement régulièrement rendu. Il résulte de ce que je viens de dire, que votre prédécesseur m'ayant accordé un celebret pur, simple et sans condition, sans cérémonie quelconque d'absolution, je suis, par l'obtention seule de ce celebret, délivré à tout jamais et partout de la suspense dont j'étais lié et qui m'empêchait d'exercer les fonctions de mon ministère. Ce n'est pas tout, Monseigneur, votre prédécesseur a donné la démission de son évêché, puisque je vous vois à sa place ; par le fait seul de la démission de votre prédécesseur et alors même que votre prédécesseur ne m'aurait pas accordé un celebret pur et simple, la suspense dont j'étais frappé tomberait d'elle-même de plein droit.

J'ai donc un double titre, Monseigneur, pour avoir toute ma liberté d'action comme prêtre ; j'ai, par conséquent, le droit acquis de rentrer sans difficulté, sans restriction aucune, dans l'exercice de mes fonctions. Bien plus, j'ai le droit de reprendre la paroisse dont j'ai été dépouillé et de réclamer des dommages-intérêts pour les pertes que j'ai essuyées. Voilà la loi de l'Eglise à laquelle personne n'a le droit d'aller à l'encontre ; personne n'a donc le droit de faire revivre une suspense doublement annulée, à moins que je ne donne volontairement et obstinément à mes supérieurs le droit de me frapper d'une nouvelle suspense par une faute nouvelle.

Votre prédécesseur a-t-il voulu m'interdire ou me suspendre ? Je l'ignore et je suis en droit de conclure, par tout ce

qui est écrit, que votre prédécesseur confondait assez mal à
propos la suspense avec l'interdit ; il résulte cependant par la
teneur du jugement rendu contre moi, *ex informatá conscientiá*, le 10 juillet 1865, que votre prédécesseur a fulminé une
suspense et non un interdit ; j'étais donc suspens et non interdit, et, disons-le en passant, vous ne pouvez pas user indistinc-
tement de l'un ou de l'autre de ces deux termes.

Quant à l'obligation qui incombait, selon vous, à votre prédécesseur de me frapper de suspense pour avoir refusé le poste
qui m'était assigné, vous me permettrez de vous dire, Monseigneur, que l'obligation qui forçait votre prédécesseur ne pouvait venir que d'un droit acquis ; or, ce droit exorbitant ni cette
loi n'existent pas encore et que, par conséquent, votre prédécesseur a commis un abus de pouvoir inqualifiable, auquel Rome
a dû répondre comme vous savez.

Un abus de pouvoir inqualifiable condamné par toutes les lois
de l'Eglise et par la saine raison ; un abus de pouvoir inqualifiable enfin, qui a été une des plus grandes maladresses et,
disons-le, une sottise du trop long et trop agité épiscopat de
votre prédécesseur. Voulez-vous, Monseigneur, les preuves de
ce que j'avance ? Le jugement *ex informatá conscientiá* qui me
frappait de suspense est daté du 10 juillet 1866, et déjà le
16 mai, avant ma sortie du presbytère, votre prédécesseur
m'annonçait que le poste qui m'était assigné était déjà occupé.
« Les dates, disent les Anglais, ont leur éloquence » ; les dates
susdites n'ont-elle par la leur ?

Si M⁵ʳ votre prédécesseur à prétendu me punir de ce que je
restais à Varages, ne pourrai-je pas lui demander où je devais,
où je pouvais même aller sans destination aucune ? A tout ce
que votre prédécesseur pourra dire, je répondrai que le droit
canon permet à tout prêtre sans poste et sans subside de son
évêque, d'aller partout, et, partant, de rester où il trouve
ses avantages et ses commodités sans que l'évêque puisse
insister.

Du reste, Monseigneur, voulez-vous savoir ce que vous devez
penser de l'acte de votre prédécesseur ? écoutez ce que disait un
grand pape (Alexandre III), à quelques évêques de son temps,
il va vous le dire lui-même : « Puisque vous devez aimer avec
tout l'amour de la charité les prêtres comme vos frères, nous
vous mandons.... que vous n'ayez plus à aggraver leur état
contre toutes raisons, à les traiter d'une manière déshonorante,

à les suspendre, à interdire leurs églises sans jugement.... nous voulons encore que vous n'ayez pas la présomption d'excommunier qui que ce fût sans suivre les formes judiciaires, ayant pour certain que si de pareils rapports arrivent sur vous à nos oreilles, à cause de vos incroyables excès de pouvoir, nous vous punirons de telle manière que les autres s'abstiendront de tels excès, par crainte d'une punition semblable à la vôtre. »

Et ne dites pas que ces règles de l'Eglise ne sont plus en usage, que les canons de l'Eglise ne sont plus qu'une vieille ferraille et ne tirent plus, parce que M. Portalis vous tiendrait le même langage en 1806, et, depuis plus de trente ans, Pie IX n'a cessé de prêcher l'observation des canons de l'Eglise. Or, où sont ces canons et quels sont-ils ? quand ont-ils été faits ? Evidemment à l'époque du Concile de Trente, du moins, les derniers, temps suffisant pour prescrire, je pense.

Du reste, si les lois de l'Eglise sont abolies pour moi, elles le sont aussi pour vous, et alors de quel droit me jugez-vous ? vous n'avez plus aucun pouvoir sur moi, et l'Eglise de Jésus-Christ n'est plus qu'un peuple de sauvages, un peuple sans lois ni freins, un peuple où la force prime le droit.

Mais, prenez garde, si vous êtes quatre-vingt, sachez que tous n'emboîtent pas le même pas que vous, du moins en tout, et que nous sommes trente millions d'âmes, ou si vous voulez cinquante mille prêtres qui gémissent de vos excès et que, tôt ou tard, les cris de ces misérables prêtres monteront vers le trône de la miséricorde divine pour faire descendre la justice qui nous délivrera de votre arbitraire, comme elle délivra les Hébreux de l'esclavage de l'Egypte.

TROISIÈME ENTRETIEN

L'ÉVÊQUE. — Vous en avez appelé à Rome,

LE PRÊTRE. — Oui, Monseigneur, j'en ai appelé à Rome, et je m'apperçois que mon appel qui a donné tant de tintoin à votre prédécesseur, vous va singulièrement à cœur. Quel spectacle,

Monseigneur, que celui de voir des juges tout remplis de
crainte d'être jugés à leur tour et n'ayant d'autre pensée que
de soustraire leurs actes à tout examen! « Pourquoi cette
ardeur? disait le pape saint Jules à Donnius, évêque Arien, et
de quoi vous plaignez-vous? ceux qui n'ont nul reproche à
appréhender pour la conduite qu'ils ont tenue ou pour les jugements qu'ils ont portés, ne sauraient trouver mauvais qu'ils
soient examinés par d'autres; ils n'ont pas à craindre que ce
qu'ils ont bien jugé paraisse à d'autres avoir été mal jugé. »

Mais enfin, Monseigneur, je vous le demande, mon appel
a-t-il été un crime? non certainement. Saint Léon écrivant à
Athanase lui disait : « Dans tout ce que vous aurez à traiter ou
à définir, si vous croyez que la chose est contraire à votre
manière de voir, envoyez nous-le tout bien certifié, afin que
nous déterminions ce qui plaît à Dieu, après avoir écarté ce
qui est sujet à ambiguïté; nous mettrons toute notre attention
à ce que tout ce qui regarde la paix et la discipline ne soit violé
par aucune dissension. » Tous les papes ont tenu le même langage, dans tous les temps. En appelant au Saint-Siége, je n'ai
donc fait qu'user d'un droit que toutes les lois divines et
humaines accordent non-seulement à tout prêtre, mais encore
à tout fidèle qui voit ses intérêts lésés par une sentence inique
de son évêque, ou par la peine qui lui est infligée, si elle est
disproportionnée au délit imputé et prouvé judiciairement.

« L'appel canonique, d'ailleurs, n'est-il pas aussi nécessaire
que le soleil qui nous éclaire? » dit saint Bernard. « N'est-il
pas le dernier refuge que l'Eglise accorde à l'innocence persé-
cutée? » disait Innocent III. Oh! oui, me dites-vous, et vous
ajoutez avec un sourire ironique et moqueur :

L'ÉVÊQUE. — Et que vous a valu cet appel?

LE PRÊTRE. — Il m'a valu ce qu'il a valu à tant d'autres qui,
dans tous les temps, ont voulu recourir à ce remède extrême :
rien !

*Oui, nos yeux se sont fatigués à regarder vers notre secours,
et à attendre notre salut d'une nation qui ne pouvait nous sauver.* Comment se fait-il que la justice ne soit pratiquement

plus mal rendue nulle part qu'à Rome? je l'ignore; toujours est-il que nous pouvons dire encore aujourd'hui ce que saint Bernard disait au XIII° siècle : « Que dire des fréquentes appellations qui ont lieu? qui me citerez-vous au milieu de toutes ces appellations qui se font de nos jours, qui ait obtenu quelque chose, quelque dédommagement pour frais de route et de dépense? Je ne serais pas loin de croire ceux qui disent : « Nous « ne voulons pas nous tourmenter en vain, et nous préférons « succomber chez nous qu'à Rome : c'est plus avantageux pour « nous. »

Mais si l'appel que j'ai adressé à Rome ne m'a rien valu, n'a-t-il pas valu quelque chose à votre prédécesseur? Pour vous, Monseigneur, avez-vous à vous plaindre : une mitre est tombée à terre dans la bagarre et vous l'avez ramassée; vous avez fait ce que tout autre eût fait et vous avez bien fait. Ne blâmez donc pas mon appel, mais remerciez-moi au contraire.

Mais cet appel m'a-t-il été tout-à-fait inutile? non, Monseigneur. En effet, mon appel m'a valu l'honneur insigne d'apprendre que jamais Rome ne m'a condamné, que le crime pour lequel vous me poursuivez depuis si longtemps n'est qu'une ombre, un fantôme et un rien aux yeux de l'Eglise, mère et racine de toutes les autres Eglises, ce qui n'est pas peu de chose, il faut en convenir; il m'a valu le plaisir d'apprendre que mon evêque, en me suspendant, avait commis un abus de pouvoir inqualifiable; il m'a valu l'avantage de forcer mon évêque à me rendre une partie des droits qu'il m'avait indûment ravis; il m'a valu l'honneur d'avoir été délié purement, simplement, sans condition et sans amende honorable avilissante, des censures que votre prédécesseur avait fulminées contre moi, à grand renfort de pourquoi et de parce que; il m'a valu, enfin, l'honneur d'avoir recouvré de droit, sinon de fait, ma paroisse, et puis enfin, de voir.... de voir.... je n'ose achever, Monseigneur, l'honneur *de voir Lucifer tomber du ciel.* Mon appel, vous le voyez, ne m'a donc pas été tout-à-fait inutile et m'a valu quelque chose de bon, et pour le diocèse aussi.

Mon appel m'a valu d'autres choses encore. Oui, j'ai vu toutes les sourdes menées que peut inspirer la défense d'une mauvaise cause; toutes les ruses mises en jeu pour achever ma ruine; j'ai connu le monde et je l'ai fui pour me replier en moi-même, ou plutôt pour me tourner entièrement vers Dieu, qui ne trompe jamais et qui récompense au centuple, même en ce monde, le peu que l'on fait pour la gloire de son nom. Enfin j'ai forcé mes adversaires à se démasquer, à se montrer tels qu'ils sont, à vomir enfin tout le venin que leur cœur renfermait, à mesurer toute la profondeur du précipice où ils voulaient me jeter. Tout cela n'est pas peu de chose pour un malheureux qui, jusque-là, n'avait pû que se défendre contre des ombres, battre vainement les airs et porter que des coups incertains.

Mais pendant que j'étale les avantages que m'a valus mon appel, je m'apperçois que Votre Grandeur marmotte entre les dents des paroles que je ne puis ni comprendre, ni même saisir. Que voulez-vous dire, Monseigneur, parlez, que m'a valu mon appel?

L'ÉVÊQUE. — Une condamnation formelle de votre conduite, et un ordre exprès de vous soumettre à votre évêque.

LE PRÊTRE. — Une condamnation formelle et un ordre exprès de me soumettre à mon évêque! ah! ah! mais qui a porté cette sentence de condamnation? où la voyez-vous, et quelle pièce me produisez-vous pour démontrer votre assertion?

Le décret de la Sacrée-Congrégation du Concile, en date du 14 avril 1874? c'est là votre plus grand cheval de bataille? c'est là la raison de ces qualifications odieuses de révolté, de rebelle que vous me jetez si souvent à la face, dans votre malheureuse lettre du 28 décembre 1876? Votre prédécesseur allait plus loin, je l'avoue: Mgr Jordany me traitait de schismatique, d'hérétique dans ses lettres, et puis dans je ne sais quoi. Mais pour en revenir au fait, cette pièce émanée de la Sacrée-Congrégation, le 14 avril 1874, est donc le mobile de toutes les vexations dont je suis depuis plus de douze ans la triste victime, de toutes les calomnies que vous avez semées contre moi et la source funeste de toutes les misères que j'endure? Oui, sans doute, puisque vous êtes forcé d'avouer que cette pièce est la seule décision que la Sacrée-Congrégation ait prise vis-à-vis de moi.

Souffrez donc, Monseigneur, que je vous le dise : cette pièce est aussi la cause de cette juste indignation que soulève en moi la conduite d'un évêque trop instruit pour se méprendre, et qui cependant ne craint pas de jouer, dans sa lettre du 28 décembre 1876, le rôle odieux que je ne veux pas qualifier ; la raison et la cause de cette persévérance invincible avec laquelle je poursuivrai l'astuce et la fourberie jusque dans leur dernier retranchement. Vous pourrez m'écraser sous le poids de votre autorité, mais vous ne sauriez me vaincre, et alors même que vous parviendriez à me vaincre, je ne cesserai de répéter jusqu'au dernier souffle de ma vie cette qualification flétrissante que mériterait votre conduite : oui, vous m'en imposez, Monseigneur, vous voulez me donner le change, vous voulez me faire croire ce que vous n'avez jamais cru, ce que vous ne croirez jamais vous-même, ce que je ne puis ni ne veux croire moi-même, à savoir que j'ai été condamné à Rome par le rescrit de la Sacrée-Congrégation en date du 14 avril 1874. Je le dirai donc hautement, et puissai-je être entendu de tous mes bien-aimés confrères que vous avez frauduleusement trompés, de tous les fidèles que vous avez induits en erreur, et de tous ceux enfin à qui l'autorité épiscopale ou ses adhérents ont voulu persuader que l'abbé Reynoard a été condamné à Rome. Jamais l'abbé Reynoard n'a été condamné à Rome ! et, s'il n'a jamais été condamné, c'est qu'il ne pouvait pas l'être et que sa cause est désormais gagnée.

La pièce que votre prédécesseur a produite ou plutôt l'usage honteux qu'il en a fait, est un faux que vous ne craignez pas de renouveler vous-même.

Car enfin, Monseigneur, ma condamnation à Rome ne peut avoir eu lieu qu'avant ou après la décision de la Sacrée-Congrégation du 14 avril 1874, ou, si vous voulez, avant ou après mon voyage à Rome. Or, ni avant, ni après mon voyage à Rome, ni jamais, je n'ai été jugé ; donc je n'ai pas été condamné. Et ici, Monseigneur, je vous en préviens, je vais percer tous les nuages dont la mauvaise foi s'enveloppe ; je vais détruire tous les faux-fuyants que vous pourriez chercher et fermer toutes les issues qui pourraient servir de retraite à la mauvaise foi.

Convenez-vous, Monseigneur, que pour être condamné, il faut, au préalable, avoir été jugé, à moins que l'affaire ne se passe par devant le tribunal fantastique d'un évêque? Ce n'est pas tout, pour juger il faut nécessairement des juges ce me semble, un tribunal, un accusé, des témoins, un défenseur. Avant mon voyage à Rome, j'ai souvent écrit à la Sacrée-Congrégation du Concile; votre prédécesseur a écrit aussi de son côté pour défendre ses actes. Dix ans se sont passés, et ce feu roulant de lettres a été sans résultat pour l'appelant et pour l'appelé, partant, sans condamnation, sans jugement même ni pour moi, ni pour votre prédécesseur.

Mais alors, me direz-vous, que signifie ce « que l'orateur obéisse aux ordres de l'évêque et se soumette humblement à lui? » Je vais vous le dire, Monseigneur : après dix ans d'efforts de part et d'autre, il apparaît enfin une décision de la Sacrée-Congrégation du Concile en date du 14 avril 1874; cet acte, vous l'avez forcément avoué, est la seule décision que la Sacrée-Congrégation ait prise vis-à-vis de moi, le seul acte, par conséquent, qui puisse faire croire à une condamnation. Or, je soutiens et je le prouverai, que cet acte, le seul que vous puissiez alléguer contre moi, n'est pas un jugement. D'où il résulte que je ne suis pas jugé, et, si je ne suis pas jugé, il est clair comme le jour que je ne suis pas condamné.

J'ai dit que la pièce alléguée n'était pas un jugement et je le démontre par le nom et la forme de cet acte, par le fond même de cette pièce et les circonstances où elle a été rendue.

Que vous le veuilliez ou non, Monseigneur, la pièce que vous voulez me faire considérer adroitement comme un jugement n'est, dans la réalité, qu'un rescrit pur et simple; or, qui dit rescrit, dit une réponse à une demande, à une question proposée. Jadis un rescrit était une réponse que les empereurs romains adressaient aux gouverneurs des provinces romaines. Sous les papes, un rescrit, en terme de chancellerie, n'est qu'une réponse que la Cour de Rome adresse à Nos Seigneurs les Evêques. Aussi, lisez, Monseigneur, la pièce que vous invoquez comme un vrai jugement, et dites-moi si elle est autre chose qu'une réponse à votre prédécesseur? Par le fait, qu'y lisez-vous en tête? la suscription ordinaire des lettres : « à Monseigneur tel. » Et puis que dit le rescrit? « Votre lettre, ayant été lue en Congrégation, les Éminents Pères ont cru devoir répondre, que l'appelant obéisse aux ordres de son évêque et se soumette humblement à lui, et ont ordonné de vous notifier cette décision comme ils le font par les présentes. » (Suit la signature.) Est-ce clair? est-ce une réponse, oui ou non, à votre prédécesseur? ou bien est-ce autre chose? Un jugement, sous peine de nullité, doit être signifié au condamné; voyons-nous cependant que ce rescrit soit et doive être signifié à tout autre qu'à l'évêque? non; cependant j'avais provoqué un jugement en appel et jamais personne, ni la Sacrée-Congrégation ne m'a rien signifié à aucune époque.

Mais que demandait votre prédécesseur à la Sacrée-Congrégation? est-ce un jugement et la condamnation d'un abbé récalcitrant? Il serait singulier de voir un prêtre condamné sans être entendu et à la demande seule d'un évêque, surtout si cette demande est faite par une lettre; mais il faut avouer qu'il serait encore plus singulier de voir un jugement sérieux rédigé dans les formes insolites d'un simple rescrit. Votre prédécesseur ne pouvait, sans extravagance, demander un jugement, ni prescrire à la Sacrée-Congrégation l'ordre de me condamner purement et simplement et il ne l'a pas fait, rendons-lui cette justice.

Qu'avait donc demandé votre prédécesseur? il va nous l'apprendre par sa lettre du 11 février 1874, notez-bien ces dates. Votre prédécesseur nous disait dans cette lettre : « Allez faire une retraite à la Chartreuse de Montrieux ou à Senanque; c'est là que vous préparerez votre retour au bercail du bon pasteur, et, quand vous nous aurez fait envoyer votre lettre de soumission et une attestation du supérieur de l'une de ces deux maisons, nous vous relèverons des censures. »

A Rome, une retraite plus ou moins prolongée dans une maison religieuse est, à peu près, la seule peine canonique infligée à un prêtre prévaricateur. En France c'est autre chose : une retraite forcée dans une maison religieuse, est un vrai temps de salle de police, une prison et une des six peines canoniques infligées à un prêtre coupable.

D'ailleurs pour voyager et pour se faire héberger pendant une huitaine de jours, il faut en France, comme à Rome et ailleurs, d'abord de l'argent, puis de l'argent et encore de l'argent; nulle part, personne sans exception, ne travaille pour le roi de Prusse. Or, vous comprenez, sans que je le dise, qu'un prêtre privé de tout secours par son évêque, et cela pendant dix ans, n'a pas à sa disposition quarante, ni cinquante francs à dépenser inutilement. L'Evêché voulait-il exploiter ma position? je l'ignore. Quoiqu'il en soit, j'attendais forcément d'avoir la somme nécessaire pour aller subir ignominieusement les arrêts qui m'étaient imposés.

Charmé de voir que je n'obéissais pas assez lestement à ses ordres, votre prédécesseur écrit à la Sacrée-Congrégation du Concile que je suis toujours un récalcitrant, un rebelle et demande hypocritement à la Sacrée-Congrégation, et sous les dehors du zèle et de la plus pure charité, si l'appelant est obligé, oui ou non, de se soumettre aux ordres de son évêque et de subir la loi du plus fort.

Voilà, Monseigneur, voilà la lettre qui a été lue en Congrégation, à laquelle elle avait à répondre et à laquelle elle a répondu par son rescrit du 14 avril 1874. Voilà, disons-le aussi, la raison de ce « qu'il obéisse à son évêque ». A quoi faut-il donc obéir? évidemment aux ordres de l'évêque ; mais enfin à quel ordre? Eh! mon Dieu! à celui qui avait été donné de faire une retraite à Montrieux ou à Senanque.

Honni soit qui mal y pense, dit une légende. La Sacrée-Congrégation qui croit entendre la voix d'un bon pasteur, qui ne voit qu'une brebis à sauver, et qui d'ailleurs était loin de se douter qu'on pût rencontrer un loup sous la peau d'une brebis, adresse tout bonnement son rescrit à celui qui avait proposé le doute, et rien qu'à lui.

Le piège que l'astucieux vieillard avait tendu à mon inexpérience et à la bonne foi de la Sacrée-Congrégation, avait réussi. Depuis longtemps, votre prédécesseur sollicitait, mais en vain, de la Congrégation du Concile, ma condamnation, ou du moins un acte quelconque qui pût donner le change et servir, à force de tortures, d'arme défensive à l'Evêché et de texte plus ou moins explicite à une condamnation contre moi. Oh! comme votre prédécesseur dût se réjouir et se frotter les mains quand il vit à sa disposition le précieux rescrit de la Sacrée-Congrégation! Il me semble l'entendre, se dire à lui-même : je le tiens maintenant cet abbé trop longtemps rebelle, et je le forcerai bien à se soumettre puisque la justice et l'autorité paraissent de mon côté. Que pourra-t-il répondre à ce rescrit : « Qu'il obéisse? » Après tout, s'il veut épiloguer sur les mots, s'il parvient à saisir le sens naturel et littéral du rescrit, la retraite que j'impose à ce prêtre revêche, viendra seconder mes desseins. Par le fait, de deux choses l'une, ou il se soumettra purement et simplement à la mesure odieuse que j'exige, ou il ne se soumettra pas à mes ordres et aux invitations de la Sacrée-

Congrégation du Concile. S'il ne se soumet pas, ma cause est gagnée, et je pourrai crier plus fort que jamais : Voyez, il ne veut se soumettre ni à son évêque, ni à la Sacrée-Congrégation ; ce qui ne pourra qu'attirer sur lui la malveillance de la Congrégation du Concile et une sentence de condamnation. Si au contraire il se soumet et fait docilement ce qui lui est prescrit, le cas sera plus difficile, mais je manœuvrerai de manière à ce qu'il n'obtienne pas de certificat et j'arriverai à mes fins par un autre chemin.

Une pareille conduite de la part d'un évêque est affreuse et diabolique ; mais continuons et voyons comment les faits ont répondu à l'attente de votre prédécesseur. Le rescrit de la Sacrée-Congrégation arrive à Fréjus, copie déclarée conforme est faite de cette pièce, qui est immédiatement adressée au curé de Varages, avec ordre de me la faire parvenir.

Un soir donc, à nuit close, le 27 avril 1874, je vois entrer chez moi, non pas le curé de la paroisse, mais un homme long et maigre qui me dit d'un air piteux et embarrassé : « Monsieur Reynoard, M. le curé de la paroisse m'a prié de vous apporter ce pli de l'Évêché », puis il ajoute hypocritement : « Rome vous a condamné définitivement, mon bon Monsieur Reynoard, de sorte qu'il ne vous reste plus qu'à vous soumettre à votre évêque. » J'ouvre le pli, je lis attentivement et par deux fois le contenu de la missive, j'examine la forme et le fond du rescrit, la manière plus que suspecte dont il m'est communiqué, et, fixant mon triste interlocuteur entre les deux yeux, je m'écrie : vous m'en imposez, Monsieur, c'est un faux que vous m'avez apporté, ou, du moins, cette pièce ne dit rien de ce que vous venez de me chanter.

J'écris immédiatement à Rome pour demander s'il est possible que la Sacrée-Congrégation du Concile termine une affaire si sérieuse d'une manière aussi légère, aussi insolite. Voici, Monseigneur, la réponse que j'ai reçue :

« Il paraît, par votre lettre, que vous avez mal interprété la décision de la Sacrée-Congrégation du Concile. En recevant votre instance, la Sacrée-Congrégation a demandé des informations à votre évêque, votre supérieur. L'évêque a répondu, comme il est bien facile de le comprendre, par défendre ses actes et a ajouté que « depuis dix ans vous refusez de vous soumettre à ses ordres, et vous vous éloignez des Saints Sacrements. »

Mensonges ! impostures ! mais poursuivons :

« Vous comprenez que la Sacrée-Congrégation a dû considérer ces deux questions : 1° Votre prétendue obstination aux
ordres de votre évêque et l'éloignement des Sacrements ; 2° La
mutation, ou pour parler plus juste, le transfert de la paroisse
et la suspense *a divinis* qui en a été la suite. La première
question est certainement la plus importante ; voilà pourquoi
la Sacrée-Congrégation du Concile a répondu : « qu'il obéisse
« aux ordres de son évêque et se soumette à lui humblement »,
c'es-tà-dire : que l'abbé Reynoard s'approche des Sacrements et
en fasse parvenir un certificat quelconque à la Sacrée-Congrégation, qu'il écrive à son évêque et lui dise : Votre Grandeur
m'a transféré de ma paroisse, et m'a suspendu *a divinis* ; or, je
demande que cette suspense cesse, parce que, pendant que la
Sacrée-Congrégation décidera sur la justice de mon transfert de
paroisse, j'entends respecter les ordres de mon évêque, bien
que je les croie injustes. Cela fait, viendra la question si l'évêque a bien ou mal fait de vous transférer et s'il est tenu à des
dommages-intérêts.

« Voilà l'explication de ces paroles : *qu'il obéisse à son évêque et qu'il se soumette à lui humblement.*

« Envoyez-moi donc un document quelconque qui justifie aux
yeux de la Sacrée-Congrégation que vous reconnaissez la supé-
riorité de votre évêque et qu'après les exercices spirituels, vous
vous êtes approché des Sacrements, et je pourrai obtenir de la
Sacrée-Congrégation que votre cause commence, *venga ini-
tiata.*

« L'opinion que je vous expose est l'opinion de Mgr Verger
et du secrétaire de la Sacrée-Congrégation du Concile, à qui
j'ai parlé, pas plus tard que ce matin, de votre affaire.

« Roncetti,
« Agent apostolique. »

Frère d'un éminent prélat, professeur à l'Apollinaire, sacré
peu après archevêque de Séleucie et envoyé comme inter-
nonce au Brésil, c'est lui qui a instruit mon affaire, comme
je pourrai le prouver au besoin.

Des hommes aussi honorables sont-ils des hommes d'argent,
sans conscience et des fripons, comme Votre Grandeur a voulu
le dire ?

Le rescrit du 14 avril 1874 n'a donc pas toute la portée que vous lui donnez frauduleusement. Il n'est rien moins qu'un jugement définitif de ma cause. Ce rescrit est donc simplement une réponse à une demande de mon évêque et un de ces mille incidents qui se sont rencontrés dans mon interminable affaire. Si vous pouviez douter encore de la vérité de ce que j'ai l'honneur de vous dire, Monseigneur, je vous citerais une lettre du 7 mars 1874, que m'écrivait mon avocat :

« Je suis sûr que la Sacrée-Congrégation verrait avec plaisir votre respect et votre obéissance aux désirs de votre évêque, de vous retirer pour quelques jours, par exemple, dans une maison religieuse.

« RONCETTI,
« Agent apostolique. »

Fidèle à suivre des conseils que me donnaient des personnes aussi prudentes et à obéir aux ordres de la Sacrée-Congrégation et aussi pour en finir, je me mets en mesure de me procurer les fonds nécessaires pour payer mes frais de voyage et d'hôtellerie. Et ici, Monseigneur, permettez-moi de vous le dire : est-ce que cette retraite exigée par mon évêque n'aurait pas été aussi bonne ailleurs qu'à Senanque et chez les Chartreux ? Oui, sans doute, cette retraite ordonnée sous le spécieux prétexte de l'édification publique et du bien de mon âme, dont on se moque à l'évêché, aurait été tout aussi bonne chez les capucins ou tout autre ordre ; mais vous le concevez, Mgr Jordany ne pouvait pas prudemment écrire à la fois à tous les ordres religieux de la terre, leur intimer ses ordres, leur dévoiler ses perfides desseins, ni tracer le piége dangereux que le fourbe prélat avait habilement préparé pour surprendre ma bonne foi et consommer ma ruine.

Quoiqu'il en soit, je me dirigeai d'abord vers Senanque ; là, j'apprends que le monastère est pour huit jours en fête et en galat, que nombre d'évêques et des centaines de prêtres doivent venir partager la joie des enfants de Saint-Norbert. Qu'avais-je à faire à ces fêtes, moi paria du sacerdoce, prêtre suspens et misérable ? moi couvert de tant de plaies hideuses par mon évêque, n'aurais-je pas inspiré la répulsion la plus vive ? D'ailleurs, comment pouvais-je entonner les cantiques de Sion, les entendre seulement, sur une terre étrangère ? Comme les enfants des Hébreux sur l'Euphrate, j'aurais dû suspendre ma lyre et attendre ; je fis mieux ou plus mal, *Deus scit*, et je me dirigeai vers Montrieux, pour accomplir les ordres qui m'étaient imposés.

Je vous l'avouerai franchement, Monseigneur, je ne pus voir sans crainte et sans appréhension le monastère de Montrieux. Qui sait, me disais-je en moi-même, si ce monastère ne sera pas pour moi un *carcere duro?* Aussi, avant de franchir le seuil du monastère, j'avais écrit à un ami dévoué que si, à tel jour déterminé, je ne lui donnais pas signe de vie, il voulût bien signaler à qui de droit ma séquestration à Montrieux. Entré dans le monastère, je cherchai l'endroit le plus faible de la place et le moyen de prendre furtivement la fuite si on tentait de me faire violence. Arrivé dans la chambre qui m'était destinée, je trouvai un règlement sur lequel je pus lire : « Ceux qui viendront passer ici quelques jours de retraite pourront sortir dans les moments libres, hors du monastère. » Bon ! me dis-je alors, usons de la liberté qui nous est donnée, non pas précisément pour respirer l'air du dehors, mais pour voir si un beau jour un frère ou quelque fort gaillard ne viendra pas nous dire : « Voyez, Monsieur le curé, ne sortez pas si souvent. » Cette observation toute juste aurait été pour moi le signal des hostilités que je redoutais et le moment de prendre mes mesures.

Votre prédécesseur n'exigeait pas, dans sa lettre, un certificat de confession ni de communion, et pour cause, mais seulement une attestation que j'avais fait les exercices prescrits.

La Sacrée-Congrégation du Concile, de son côté, ne fait nulle mention de cette clause dans son rescrit, et dit seulement : « qu'il obéisse » ; d'où vient donc que mon agent n'exige pas un certificat de confession et de communion, mais un certificat quelconque ? Par qui a été imposée cette obligation ? je l'ignore, mais, à coup sûr, c'était un nouvel opprobre et une ruse infernale, qui dévoile toute la noirceur que votre prédécesseur avait dans le cœur ; vous allez vous en convaincre.

Le 28 octobre 1874, huitième jour de la retraite, le père directeur m'aborde et me dit d'un air ému : « Je crois que nous aurons de la peine à obtenir du prieur le certificat exigé ; vous ferait-il de la peine de venir chez lui ? » — Mais non, mon père, je me suis présenté à votre prieur en entrant dans ce monastère, et vous pensez bien que je ne puis partir d'ici, sans l'avoir salué et sans lui avoir fait agréer mes remerciements. Allons !

J'arrive donc chez le prieur, qui me dit sans préambule, mais toutefois d'un air embarrassé : « Vous savez, Monsieur le curé, qu'on exige de vous un certificat de confession et de communion ; or je dois vous dire que l'on m'a écrit, et que je ne puis vous délivrer ces pièces qu'à la condition que vous renoncerez par écrit, purement et simplement, à votre appel canonique. — Comment, mon révérend père, les voleurs et les assassins obtiennent grâce et miséricorde, et un prêtre sera privé de la grâce de la réconciliation et du pain des forts dont il a un si grand besoin, par le fait seul d'un appel canonique au Saint-Siége ? l'appel canonique est donc le plus grand des forfaits ? Mais avant de me refuser, pour un pareil motif, une grâce que l'on ne peut refuser à personne, mettez-vous d'accord avec vous-même et avec le Souverain Pontife, notre père commun et notre maître. Ignorez-vous, mon révérend père, que Pie IX, naguère, réclamait à cors et à cris du gouvernement russe, le droit d'appel, comme un droit et un devoir pour le Saint-Siége, en faveur, non-seulement de tout prêtre, mais encore de tout fidèle ? que disait aussi le pape au malheureux archevêque de Paris ?

« Vous vous plaignez ? ah ! plutôt plaignez-moi moi-même, qui ai le droit et le devoir de recevoir les appels qui viennent de tous les diocèses de la terre, et qui ai la mission de tout examiner, de tout juger et de tout trancher par mon autorité apostolique. »

« Oui, oui, répond le prieur, mais vous devez savoir qu'on doit obéir à son évêque, toujours et en tout ? » — Oh ! mon père, ne touchons pas une corde qui rendrait peut-être des sons peu agréables. Car enfin, dites-moi, mon père, si votre saint patriarche ne s'était pas chamaillé avec son archevêque, aurait-il vu ses jours exposés au fer des assassins, sa prébende pillée, dévastée, et, dégoûté du monde et des choses, eût-il fui dans la solitude et fondé l'ordre vénérable des Chartreux ? Pourquoi saint Bruno n'obéissait-il pas, lui aussi, à son évêque ? Vous le voyez, mon père, votre existence, comme religieux, vient d'un malentendu entre saint Bruno et son évêque, et, puis, quelles garanties me donnez-vous que mon évêque sera plus humain envers moi. — « Aucune. » — Aucune ? Dans ce cas, la prudence la plus vulgaire me fait un devoir de tenir à mon appel. — « Vous n'aurez pas de certificat. » — Soit, mais je conserverai du moins tous mes droits d'appelant, et j'amasserai des charbons ardents sur la tête de mes persécuteurs

Le père directeur, témoin de cette scène singulière, demanda,
et obtint de son prieur la permission de me délivrer un certificat de présence pendant huit jours dans le monastère.

A peine sorti du monastère j'écrivis à Rome, et j'envoyai le
certificat dont j'ai parlé et la lettre de soumission que réclamait mon évêque; j'adressai aussi copie de ces deux pièces à
votre prédécesseur, toutefois quelques jours plus tard, afin que
la Sacrée-Congrégation fût instruite de ce qui s'était passé à
Montrieux, avant que l'évêque ne fît jouer de nouveau la ruse
et la calomnie.

Cette précaution n'était pas inutile. En effet, votre prédécesseur avait à peine reçu ma lettre de soumission et le certificat
délivré par le père directeur, qu'il écrivit à la Sacrée-Congrégation que « l'abbé rebelle n'avait pas voulu se soumettre à ses
ordres, ni aux prescriptions de la Sacrée-Congrégation; qu'il
avait refusé de faire la retraite imposée; qu'il était sorti du
monastère avant le temps voulu et en fugitif, puisqu'il n'avait
pas le certificat exigé. »

Quelqu'un, fût-il évêque, a-t-il le droit de mentir impu-
demment? Moi fugitif! La veille de mon départ de Montrieux
j'avais réglé mes comptes et payé au frère cellérier vingt-quatre francs pour mes frais d'auberge; j'avais reçu du père directeur le certificat de présence pendant les huit jours que j'avais
passés dans le monastère, et le 29 octobre, jour de mon départ,
à cinq heures du matin, j'ai dû prendre part à un déjeuner
copieux que le frère cellérier m'avait préparé. Or, toutes ces
circonstances ne crient-elles pas bien haut que je n'ai pas
quitté Montrieux en fugitif? D'ailleurs voici ce que m'écrivait
mon correspondant de Rome, à la date du 11 décembre 1874 :

« J'aurais dû répondre plus tôt à votre lettre, mais, pas plus
tard que ce matin, j'ai retiré de la Sacrée-Congrégation du
Concile une lettre sur votre affaire pour l'évêque de Fréjus;
voilà pourquoi j'ai dû retarder ma réponse. Dans la lettre ci-
jointe, la Sacrée-Congrégation du Concile, fait part à votre
évêque que vous avez accompli les exercices spirituels.

« RONCETTI. »

Peut-on donner à quelqu'un un soufflet plus fort et mieux
appliqué ?

Tout ce que nous venons de dire, Monseigneur, prouve jusqu'à l'évidence qu'avant le 14 avril l'abbé Reynoard n'a jamais

été condamné à Rome, puisque, de votre aveu, le rescrit du 14 avril est la seule décision que la Sacrée-Congrégation ait prise vis-à-vis de moi. Ai-je été condamné après le rescrit que vous m'objectez? je viens de montrer péremptoirement que ce rescrit n'est pas un jugement.

Enfin ai-je été condamné après le rescrit du 14 avril 1874? non, encore une fois, puisque à la date du 28 décembre 1876, vous avouez franchement que ce rescrit du 14 avril est la seule décision que la Sacrée-Congrégation ait prise vis-à-vis de moi. De là. il résulte, Monseigneur, que je n'ai jamais été condamné à Rome; or un prêtre qui n'est pas condamné à Rome est par là même justifié.

Si les raisons exposées plus haut ne sont pas assez concluantes, Monseigneur, reprenons mon affaire au moment de mon voyage à Rome, et nous arriverons toujours et forcément au même résultat négatif.

Par le fait, quand je suis allé à Rome, le 8 mai 1875, quand je me suis présenté à la Sacrée-Congrégation du Concile, pour parler de mon affaire, on ne m'a pas répondu par une fin de non-recevoir, on ne m'a pas objecté que ma cause avait été tranchée par le rescrit du 14 avril 1874, on ne m'a pas jeté à la face ces dures paroles : « Rome a parlé, la cause est finie. » Au contraire, on a reçu ma supplique, seulement on m'a conseillé, pour gagner du temps et pour éviter des frais, de ne pas porter mon affaire en Congrégation, mais de la terminer a l'amiable et par transaction. J'ai cru, par respect pour mes juges, devoir acquiescer au sage et prudent conseil que des hommes honorables me donnaient et qu'ils donnent d'ailleurs, surtout depuis un certain temps, à tous ceux qui se trouvent dans la même position que moi.

Cette condescendance de ma part à un conseil trop prudent, a fait ma perte et mon malheur, je l'avoue. Oui, Monseigneur, parce que je me suis retrouvé, par ce seul fait, en présence de mon évêque, c'est-à-dire de l'arbitraire, du caprice et du plus violent ressentiment ; d'un évêque qui, ne pouvant plus résister à la force, ni à l'évidence des faits, a disparu après m'avoir jeté sous les pieds d'un évêque plus intraitable encore et est allé dévorer je ne sais où, la douleur de n'avoir pas pu écraser un pauvre prêtre.

Vous parler de la sorte Monseigneur, c'est vous dire assez clairement que jamais la Sacrée-Congrégation ne s'est occupée en Congrégation plénière, de mon affaire, que ma cause est restée circonscrite dans le Secrétariat de la Congrégation du Concile, et que M⁰ʳ le secrétaire de la Congrégation est resté seul arbitre et conciliateur de mon affaire. Je le répète donc : ni avant, ni après mon voyage à Rome; ni avant, ni pendant, ni après le rescrit du 14 avril 1874, jamais mon affaire n'a été ni plaidée, ni jugée à Rome; dès lors, comment puis-je avoir été condamné ? Mais si je ne suis pas condamné, je ne puis être contumace, et si je ne suis pas contumace, comment pouvez-vous, sans crime, me traiter de rebelle et de révolté ? Que deviennent aussi ces qualifications de schismatique et d'hérétique que votre prédécesseur m'a prodiguées avec autant de persévérance que de mauvaise foi?

———————

L'ÉVÊQUE. — La Sacrée-Congrégation du Concile, dans sa sagesse et sa justice, ne pouvait pas conclure autrement; elle ne pouvait pas non plus parler plus clairement,

LE PRÊTRE. — Votre conclusion, Monseigneur, ne peut-être plus logique; seulement vous me permettrez de vous dire que vous partez d'un faux principe et que vos prémisses sont fausses; vous passez du particulier au général, d'un ordre de choses à un autre : ce qui n'est ni plus ni moins qu'un sophisme.

Car enfin, Monseigneur, de quoi parle la Sacrée-Congrégation dans son rescrit? Evidemment de la retraite exigée. Et vous, Monseigneur, à quoi appliquez-vous maintenant ce rescrit? à la cause entière, à un jugement définitif de ma cause? Est-ce volontairement que vous commettez cette erreur, que vous raisonnez de la sorte? alors je n'ai plus qu'à me taire; parce que je me trouve en face d'un adversaire qui me persécute par ignorance, et que l'ignorance excuse, en bonne théologie, à moins toutefois qu'elle ne soit volontaire, vincible et nuisible à un tiers. Mais, Monseigneur, si c'est volontairement que vous raisonnez à rebours de la raison, j'ai le droit de ne plus croire à la bonne foi de mon évêque.

« Dans sa sagesse? » Je veux croire, Monseigneur, que, dans sa sagesse, la Sacrée-Congrégation, pour terminer une longue et désastreuse affaire, puisse imposer à un pauvre prêtre, une mesure inopportune sous tous les rapports, mais bonne cependant en elle-même. Dans « sa justice » je le nie. Non, Monseigneur, la Sacrée-Congrégation du Concile ne pourra jamais, quelle que soit sa puissance et sa dignité, imposer à un inculpé une peine canonique préventive, ni lui infliger une peine, ni un châtiment avant d'avoir prononcé un jugement. *Est-ce que notre loi,* la loi chrétienne, la loi ecclésiastique, *juge quelqu'un et le condamne avant de l'avoir entendu ou convaincu?* dit saint Jean.

Dans mon affaire, la Sacrée-Congrégation du Concile a cru devoir passer outre et m'imposer une retraite dans une maison religieuse. Je respecte les motifs qui ont inspiré la Sacrée-Congrégation en cette circonstance ; mais je ne les partage pas, et jamais on ne pourra ériger en règle générale une pareille conduite. Mais passons outre sur cet incident. Qu'avez-vous à ajouter?

« Elle ne pouvait faire autrement. » Pour le coup, je le nie. En effet, la Sacrée-Congrégation ne pouvait-elle pas, ne devait-elle pas même évoquer l'affaire, l'examiner, la soumettre en congrès plénier et la juger? Elle ne l'a pas fait, j'en conviens, mais quand le déni de justice est patent, quand il crève les yeux, vous viendrez me soutenir que la Sacrée-Congrégation *ne pouvait pas faire autrement!* et c'est à un homme doué de raison que vous voudriez faire croire une pareille absurdité? De deux choses l'une, Monseigneur, ou la Sacrée-Congrégation n'a pas pu ou elle n'a pas voulu faire autrement, pas de milieu. Si elle n'a pas pu instruire mon affaire et la juger, le Sacré-Tribunal doit cesser d'évoquer les causes ecclésiastiques et de menacer les clercs qui auraient recours aux tribunaux civils, d'une déposition perpétuelle. Elle aurait encore mieux à faire : « Elle devrait se retirer comme tout juge qui ne se sent pas de taille à résister aux entraînements de la puissance et de l'influence », dit l'Ecriture. Si, au contraire, la Sacrée-Congrégation n'a pas voulu, elle est traître à ses devoirs sacrés, traître à l'Eglise qu'elle représente, traître au Saint-Siège qu'elle abandonne; elle déshonore sa charge et elle aura à répondre à Dieu et aux hommes d'avoir abandonné et trahi l'innocent déféré à sa juridiction. Et ici, Monseigneur, ne me faites pas dire ce que je ne pense même pas. Je n'accuse pas la Sacrée-Congrégation du Concile, mais je réponds seulement à vos paroles, ce qui n'est pas la même chose, tant s'en faut : je veux dire seulement que s'il s'était agi, non d'une retraite, mais de ma cause elle-même et du fond de l'affaire, la Sacrée-Congrégation du Concile aurait fait autrement et beaucoup mieux qu'elle n'a fait.

L'ÉVÊQUE. — Et c'est en vain qu'à la mode des révoltés, vous avez voulu épiloguer sur cette décision ;

LE PRÊTRE. — Vos paroles, Monseigneur, font monter le rouge à mon front et je suis forcé de me contraindre pour refouler dans mon cœur les justes transports d'indignation que soulèvent en moi vos outrages. C'est la dixième fois, je crois, que ce mot de révolté sort de votre bouche ou coule de votre plume, et il me semble que ce devrait être assez. « A la mode des révoltés ! » qui est révolté, Monseigneur, est-ce moi ou votre prédécesseur ? Pesons bien toutes les circonstances de cette triste affaire et vous pourrez vous convaincre que la révolte est bien plus tôt du côté de votre prédécesseur que du mien. J'ai protesté et je le devais à la justice, à mes devoirs et à mes intérêts, et je protesterai toujours contre des ordres iniques et désastreux pour moi ; mais votre prédécesseur ne s'est-il pas révolté contre le droit commun qui régit l'Eglise de Jésus-Christ ? révolté contre les intentions bien connues du Saint-Siége ? révolté contre la justice distributive et commutative ? révolté contre le bon sens et la raison ? révolté contre la vérité ? révolté contre la foi jurée implicitement et explicitement le jour de sa consécration épiscopale et de mon ordination. Pesez bien toutes mes paroles, rappelez-vous aussi ce que j'ai dit au sujet du rescrit, et vous serez forcé de convenir que ce n'est pas moi qui suis un révolté. Non, je ne reconnaîtrai jamais pour mes pères et mes modèles, ni les Arius, ni les Luther, ni toutes ces pestes qui, dans tous les temps, se sont élevés contre l'Eglise de Jésus-Christ pour déchirer la robe sans couture du Sauveur ; mais toujours je prendrai pour mes modèles et mes guides, les Antoine, les Anselme, les Thomas, etc., et tous ces intrépides défenseurs de la justice et de la vérité, et je les suivrai, Dieu aidant, jusqu'à la mort.

Ce n'est donc pas moi, vous le voyez, qui cherche à épiloguer

sur le sens d'un rescrit de la Sacrée-Congrégation du Concile;
mais c'est votre prédécesseur et vous; vous, Monseigneur, qui
voulez me faire prendre le change, vous qui dénaturez la
vérité et qui, volontairement ou involontairement, voulez
tromper les ignorants, épouvanter les faibles, pour établir
sur les corps le pouvoir tyrannique que vous avez déjà sur les
âmes.

Vous voulez, comme on dit, me faire voir les étoiles en plein
midi, vous voulez me persuader que le rescrit du 14 avril 1874
est un jugement de ma cause et vous voulez que, de bonne foi,
je reçoive comme un vrai jugement contre moi, une simple
réponse que la Sacrée-Congrégation fait à une lettre de votre
prédécesseur?

Monseigneur, la chose n'est pas possible; vous direz ce que
vous voudrez de ma manière de voir ou, si vous voulez, de ma
hardiesse, mais la justice, la vérité et le bon sens me forcent à
vous dire que vous jouez une comédie qui sied très-mal à un
prélat éminent comme vous.

———

L'ÉVÊQUE. — C'est en vain qu'en allant à Rome vous
avez espéré en revenir porteur d'un blâme contre votre
évêque, et d'un ordre à lui imposé de vous rétablir dans
vos prétendus droits.

LE PRÊTRE. — Les prétentions d'un prêtre avili par la calomnie, banni du sanctuaire et privé depuis longues années de tous
secours spirituels et corporels, ne peuvent se porter ni si loin,
ni si haut; ce que je demande au ciel et à la terre, et ce que j'ai
le droit de solliciter avec instance, c'est ma justification et ma
réhabilitation, toutes choses que la justice ne saurait refuser
aux malheureux qui l'implorent. En France, la loi civile
accorde à celui qu'une erreur judiciaire aurait condamné à
une peine infamante, de demander sa réhabilitation, et l'Eglise,
cette bonne et tendre mère, refuserait la même grâce à un
pauvre prêtre jeté dans la boue du mépris? je ne le pense pas.

Quant au blâme dont vous me parlez, je vous dirai, Monseigneur, que je m'occupe sérieusement de mes intérêts, mais que
je me soucie fort peu des affaires des autres; les affaires de

Pierre et de Paul, comme celles de votre prédécesseur, ne me regardent pas.

Mais puisque vous m'attirez sur ce terrain, je vous dirai, Monseigneur, avec toute la sincérité dont je suis capable, que si l'Eglise a été sourde jusqu'à ce moment à mes suppliantes prières, la Providence, toujours admirable dans ses voies, a disposé les évènements de manière à combler tous les désirs que je pouvais avoir ; elle est allée même au-delà de mes espérances.

Oui, Monseigneur, votre prédécesseur, jugeant que le poste n'était plus tenable, a donné, purement et simplement, cela va sans dire, sa démission de l'Evêché de Fréjus. Des malins ont voulu soutenir que votre prédécesseur voulait singer le rôle de feu M. Thiers. Plus d'une fois, depuis deux ans, c'est-à-dire depuis que j'étais à Rome, votre prédécesseur avait menacé le Saint-Siége de donner la démission de son Evéché, si on ne faisait pas droit à ses iniques demandes et, à chaque fois, la menace avait porté ses fruits, en d'autres termes : la démission avait été refusée. Une dernière fois, votre prédécesseur a voulu revenir à la charge ; avant de faire une démarche aussi sérieuse, il avait consulté, dit-on, l'un des derniers valets du Saint-Père pour décider le cas. La décision fut favorable et la démission fut donc présentée et acceptée : probablement parce que c'était la première fois qu'elle arrivait en haut lieu ; mais il fut bien fâché d'avoir été pris au mot et de ne pouvoir revenir sur ses pas.

D'autres, encore plus mal intentionnés, ont prétendu que la démission de votre prédécesseur n'avait pas été tout-à-fait libre ; ceci est une pure calomnie : oui, Monseigneur, puisqu'un curé l'a annoncé au prône de sa paroisse. Mais comme il n'y a pas de fumée sans feu et que tout a une cause en ce bas monde, le public a cru faussement que la démission de votre prédécesseur n'avait pas été tout-à-fait volontaire, parce que cette démission de l'évêque de Fréjus, et sa disparition de la scène, a eu lieu fatalement au moment où la lutte de votre prédécesseur, contre un pauvre prêtre de son diocèse, était le plus engagée. Tout cela, je le répète, n'est que calomnie et cancans.

Pour moi, je crois plutôt que votre prédécesseur a voulu trouver dans la retraite le repos et la paix qui le fuyaient sur son siége et au sein des grandeurs. Il pourrait se faire aussi que, plus avisé que les rois d'Egypte, qui n'étaient jugés qu'après leur mort, votre prédécesseur eût voulu savoir, avant d'entrer dans la tombe, le jugement que la postérité prononcerait sur sa longue administration et le rang qui lui serait assigné dans l'histoire par l'opinion publique; et comme la voix du peuple est la voix de Dieu, il pût prévoir le sort qui l'attendait.

Ce jugement ne s'est pas fait attendre. Entendez-vous, en effet, ces voix qui viennent de l'Orient, du Midi, du Couchant, du Septentrion et de tous les coins du diocèse; que disent-elles? l'une réclame sa réputation perdue et son honneur ou ragé; l'autre demande justice de la calomnie; celle-ci l'accuse d'avoir prostitué l'honneur du clergé à une crainte puérile; celle-là d'avoir vendu l'innocent aux puissants du siècle; un autre d'avoir lâchement sacrifié les droits de l'Eglise; une autre encore d'avoir tremblé à la vue d'une écharpe; et cette voix plaintive qui traverse les murs d'un cachot, que dit-elle? et ce furieux qui va chercher l'oubli de sa honte et de sa douleur dans une mort violente, que murmure t-il entre ses dents? et moi-même je l'accuse à mon tour, à la face du ciel et de la terre, de m'avoir lâchement sacrifié à un faussaire, de m'avoir ravi l'honneur et le repos, de m'avoir voué au dénûement et à la misère, de m'avoir persécuté sans cesse et sans mesure pendant vingt longues années, c'est-à-dire depuis le jour à jamais néfaste où il est devenu le pasteur de mon malheureux diocèse. Je l'accuse de m'avoir exclu des rangs du sacerdoce sans cause, sans jugement, de m'avoir condamné sans m'avoir jamais entendu, de m'avoir privé des émoluments qui me revenaient, d'avoir détourné le secours que j'avais obtenu du gouvernement, d'avoir empêché mes débiteurs de me rendre ce qui m'était dû, pour me réduire à la faim, au désespoir et me pousser au scandale; je l'accuse d'avoir défendu à mes confrères de me recevoir et de me visiter, de m'avoir privé de l'usage actif et passif des sacrements, de m'avoir menacé de la privation de la sépulture ecclésiastique et de me faire dépouiller de l'habit ecclésiastique par le bras séculier; je l'accuse enfin de m'avoir lié les bras, de m'avoir fermé la bouche et de m'avoir empêché de défendre ma religion et mon Dieu, de travailler à sa gloire et au salut des âmes.

« *Lapides clamant*, les pierres même, crient », dit l'Ecriture; oui, il n'y a pas une pierre de ce monument somptueux qui s'élève dans le lointain et qui porte jusqu'aux nues les armes de votre prédécesseur, qui ne soit mouillée des larmes et des sueurs des prêtres du diocèse.

En 1866, on écrivait à un éminent cardinal : « Prenez-garde, l'Evêché de Fréjus travaille de manière à implanter le protestantisme dans le diocèse. » N'est-ce pas ce qui est arrivé, et le diocèse n'est-il pas devenu, grâce à une administration aveugle et tracassière, un foyer de radicalisme, l'un des plus mauvais, sinon le plus mauvais des diocèses de France.

Vous le voyez, Monseigneur, rien ne manque au lugubre tableau que je viens de tracer, et votre prédécesseur peut mourir satisfait : il ne verra pas tout le mal qu'il a fait, mais il a fait tout le mal que nous voyons.

L'ÉVÊQUE. — Et d'un ordre exprès, à lui imposé de vous rétablir

LE PRÊTRE. — Pour la centième fois, Monseigneur, j'ai l'honneur de dire à Votre Grandeur que ma cause n'a jamais été portée en Congrégation, et que, par conséquent, elle n'a jamais été ni plaidée, ni jugée ; or, si mon affaire n'a jamais été plaidée, ni jugée, il est plus qu'évident qu'aucun jugement n'a pu être rendu et qu'il n'y a pas eu de jugement ni contre votre prédécesseur, ni contre moi, ni pour l'appelant, ni pour l'appelé, si vous voulez. Mon affaire a été traitée arbitrairement, à l'amiable ; je ne vois donc pas pourquoi Votre Grandeur revient sans cesse à la charge sur ce point.

La Sacrée-Congrégation du Concile pouvait bien, comme arbitre et sans faire injure à votre prédécesseur, lui prescrire une mesure que la justice demandait ; la Sacrée-Congrégation a-t-elle pris, oui ou non, cette mesure, je l'ignore ; mais ce que je sais bien, Monseigneur, c'est que votre présence à Fréjus sur le siége des Léonce et des Michel, est une preuve assez évidente de la justice et de la fermeté de la Sacrée-Congrégation du Concile. Ne me forcez pas, Monseigneur, à m'expliquer plus clairement et à dire toute ma pensée. Rengaînez aussi vos plaisanteries hors de saison et dites-moi en quoi je prétendais être rétabli ?

L'ÉVÊQUE. — Dans vos prétendus droits,

LE PRÊTRE. — Rêvons-nous, Monseigneur ; est-ce Nabuchodonosor, Pharaon ou bien Louis XIV qui sort de la poussière de
sa tombe, pour venir épouvanter encore la terre et lui donner
le triste spectacle de sa fastueuse vanité ? Mais non, Monseigneur ; pour répondre à vos paroles, il faut évoquer les ombres
de ces maîtres du monde qui se faisaient un jeu de la vie des
hommes, et pour qui les hommes étaient comme s'ils n'étaient
pas.

« Quel bonheur, disait un monstre à face humaine, si l'univers n'avait qu'une tête et que je pusse l'abattre d'un seul
coup ! » Un autre empereur romain préludait au massacre des
chrétiens par une guerre incessante aux mouches. Ces âmes,
ivres de leur autorité, refusaient à l'homme tout droit, même
celui de vivre que nous tenons cependant de la nature. Et vous
pontife du Très-Haut, vous pasteur des âmes, vous voudriez
marcher sur les traces de ces hommes néfastes, qui furent les
fléaux de l'humanité ? « Vos prétendus droits ! » La voix de
l'homme fit-elle jamais entendre des accents plus hautains ?
Oh ! Monseigneur, que vous le veuilliez ou non, si je n'ai pas
des droits à réclamer, je n'ai pas non plus des devoirs à remplir : l'un est corrélatif de l'autre.

« Un jour la faveur, le sort, l'amitié, ou plutôt la *voix de
celui qui habite dans le ciel, de celui qui suscite de la pierre des
enfants d'Abraham*, de celui qui voit comme un néant tout
l'univers ensemble, *de celui qui tire quelque fois le pauvre de
la poussière pour le faire asseoir parmi les princes de son peuple*, daigna jeter les yeux sur vous, et vous fit monter sur le
siége épiscopal de mon diocèse. » « Dès ce moment, vous êtes
devenu mon supérieur et mon maître, et, à ce titre, je dois à
Votre Grandeur une obéissance sans bornes, mais raisonnable,
dit saint Paul, le respect le plus profond et l'amour le plus
dévoué ». Vous êtes donc mon supérieur, et, comme on dit,
mon ordinaire. Oui, je l'avoue, vous êtes mon supérieur et je
ne le sens que trop à la pesanteur du joug que vous voulez
m'imposer ; mais, permettez-moi de vous le dire : je ne suis ni
votre esclave, ni votre serf, ni votre bête de somme, ni le fou-
lard que vous froissez entre vos doigts. Je ne suis pas non plus
la vigne que vous avez achetée de vos deniers, ni la maison
que vous ont léguée vos ancêtres, je ne suis que votre diocé-

sain, votre prêtre, « et, si vous ne me traitez pas comme votre
sénateur, comment pourrai-je vous traiter comme mon empereur? » vous dirai-je avec saint Jérome. « Soyez soumis à votre
évêque, continue ce saint docteur, honorez-le, respectez-le
comme votre père spirituel, mais les évêques à leur tour, doivent se considérer comme étant prêtres, nos supérieurs ; ils
doivent honorer les clercs comme appartenant au Seigneur,
afin d'en recevoir l'honneur qui est dû à des évêques. »

On t'a établi chef, dit l'Ecclésiastique, *ne t'enorgueillis pas,
mais sois sur eux comme un d'entre eux ; prends soin d'eux afin
qu'ils soient ta couronne et ta gloire*. Que dit aussi le Sauveur :
*Les rois des nations dominent sur leurs sujets : pour vous il n'en
sera point ainsi : Soyez le dernier d'entr'eux*. Saint Pierre disait
à ses frères dans l'apostolat : *Paissez le troupeau de Dieu qui
vous est confié, gouvernez-le, non pas avec rigueur, mais spon-
tanément selon Dieu ; non par intérêt, mais gratuitement ; non
pas comme dominant sur les clercs, mais en devenant le modèle
de votre troupeau*.

Suivez-vous ces sages maximes ; non, vous vous élevez dans
les nues, d'où vous faites tomber sur vos diocésains, sur vos
prêtres surtout, le mépris et la honte, quand vous n'allumez
pas, dans la région élevée du pouvoir, la foudre qui épouvante
et consume vos sujets.

Qui êtes-vous donc pour refuser à un prêtre tout droit? Etes-
vous Dieu? parlez, et je n'ai plus qu'à me taire et à obéir!
L'homme qui a reçu tout de Dieu, se doit tout entier au Souverain Etre. Dieu ne doit rien à personne ; si Dieu dépendait
de quelqu'un, il ne serait plus Dieu, et je cesserais de l'adorer.
Mais alors même, je vous dirais comme le Scythe à Alexandre : « Quels sont ces lieux qui enflamment votre cupidité et
qui font que plus vous avez, plus vous désirez ce que vous
n'avez pas? si vous êtes Dieu, vous devez combler les mortels
de vos biens et ne pas leur enlever ce qu'ils ont; mais si vous
êtes homme, pensez toujours à ce que vous êtes. » « Etes-vous
Dieu à la façon de Jupiter ou de Nabuchodonosor? je vous
plains, Monseigneur, puisque j'aurai besoin de veiller sur
vous pour vous garantir de la poussière et des vers », vous
dirai-je avec Tertulien ; mais non, vous n'êtes rien de tout
cela. Je crois même remarquer que je marche debout comme
vous, que j'ai la face tournée vers le ciel comme vous, que je
suis homme enfin comme vous; vous êtes donc pétri de la

même boue que moi, formé de la même façon que moi, soumis aux mêmes faiblesses que moi, aux mêmes infirmités; je vois clairement que vous êtes racheté par le même sang d'un Dieu rédempteur, exposé aux mêmes dangers et destiné à la même fin. La faveur, l'intrigue, ou, pour parler plus juste, la Providence vous a élevé aux honneurs; mais alors même que vous seriez placé au-dessus du reste des mortels, pensez-vous avoir changé pour cela de nature? croyez-vous pouvoir échapper aux destinées de l'humanité? croyez-vous que la sublime dignité de l'épiscopat vous mette à l'abri de toute dépendance? Ah! souvenez-vous de cet arrêt formidable de l'Ecriture, que le pape saint Grégoire réduisait en ces quelques mots : « Les puissants ne seront que plus puissamment tourmentés! » « Souvenez-vous, vous dirai-je avec saint Cyprien, que ces hommes que vous aurez écrasés sous le poids de votre puissance, dans les temps de votre prospérité, pèseront un jour sur vous et vous feront cruellement expier dans l'abîme, les mépris et les tourments que vous leur faites endurer ici-bas. »

Je suis homme comme vous, vous devez en convenir; or, en cette qualité, j'ai le droit strict d'être traité humainement, et vous me traitez comme une bête de somme; mais alors même que je ne serais pas votre bête de somme, Monseigneur j'aurais le droit d'être respecté, ou la loi Grammont ferait promptement justice de vos brutalités. Mais non, je ne suis pas une bête, je suis un homme.

Est-ce que les loups se mangent entre eux? ne nous apprennent-ils pas, au contraire, à nous respecter et à nous aimer les uns les autres? la loi de la nature, n'est-elle pas conforme, en ce point, à la loi de l'Evangile? vous est-il donc permis de faire une expérience sur une âme vile, parce que vous me voyez placé plus bas que vous sur l'échelle sociale? non, non, Monseigneur, vous n'avez pas le droit de porter sur moi une main téméraire, de me faire mourir lentement dans les étreintes de la misère et du dénuement; vous ne pouvez pas attenter à mon honneur, ni à ma considération, préjudicier à mes intérêts, ou je suis en droit de vous demander compte de ces attentats.

Rappelez-vous encore que je suis citoyen d'une même patrie que vous, et, à ce titre, je trouve dans la loi qui nous régit, le droit d'être protégé contre les excès de l'autorité, quelle qu'elle soit. « Je suis chrétien aussi », dirai-je comme nos glorieux martyrs, et, en cette qualité, j'ai droit à tous les suffrages de l'Eglise, ma mère, c'est un bien dont vous n'avez pas la puissance de me priver. « Vous êtes les dispensateurs et non les maîtres des trésors de l'Eglise, donc vous ne pouvez en disposer à votre gré », vous dirai-je avec Massillon.

Cependant vous l'avez fait, vous et votre prédécesseur ; vous m'avez fermé la barrière du sanctuaire ; vous m'avez interdit l'usage des Sacrements, et malheur au prêtre qui attesterait, par sa signature, que le prêtre que vous chassez si rigoureusement a pû furtivement participer aux saints mystères, il serait puni de n'avoir pas été cruellement obéissant à vos désirs.

Cela étant, Monseigneur, pouvez-vous me refuser le droit de réclamer un bien qui m'appartient à tant de titres ?

Enfin, Monseigneur, je me souviens que je suis prêtre. En cette qualité j'ai des devoirs sacrés à remplir, j'en conviens ; je me dois tout entier à la vocation que j'ai volontairement embrassée et à l'état auquel j'ai l'honneur d'appartenir ; de telle manière que je ne puis sacrifier, en aucune sorte et dans aucun cas, l'honneur et l'intérêt du clergé. Donc si quelqu'un, de quelque dignité qu'il puisse être, se permet de calomnier mes actes ou mes intentions, de me dépouiller de mon honneur, de me priver arbitrairement et sans motifs plausibles, sans jugement, sans avoir même été entendu, d'offrir les saints mystères, d'annoncer la parole de Dieu, de présider les assemblées des fidèles, je puis, de part mon ordination, me plaindre et poursuivre devant les tribunaux quiconque ose attenter aux droits sacrés que je possède, « qui sont mon bien propre, mon plus riche trésor et ma vie », disait Fénélon.

Et, pour en venir à la pratique, je puis réclamer la paroisse dont j'ai été dépouillé ou un équivalent, le traitement dont on m'a frustré injustement pendant plus de douze ans et la juste réparation des dommages que j'ai reçus. Que vous le veuilliez ou non, mes titres sont écrits dans un livre que vous ne sauriez déchirer ; je les retrouve écrits, en caractères ineffaçables, dans la conscience de tous les chrétiens, dans la loi de tous peuples ; vous n'avez pas le droit de faire de moi, à votre gré, un vase d'ignominie.

Ne cherchez donc plus, Monseigneur, à me disputer mes prétendus droits ; ils sont réels et incontestables. Ces droits, vous avez juré de les garder le jour de votre consécration épiscopale, et *j'ai été véritablement dans la stupefaction*, vous dirai-je avec saint Paul aux Galates, *quand j'ai vu que vous vous êtes*

*si vite éloigné de l'Évangile qui vous a appelé, pour vous tour-
ner vers un autre évangile qui, à coup sûr, n'est pas l'Évangile
de Jésus-Christ.*

QUATRIÈME ENTRETIEN

L'ÉVÊQUE. — Commençant alors à voir l'inanité de vos
prétentions et la folie de votre entêtement,

LE PRÊTRE. — Autant de mots, autant de rêves, autant de
fantômes de votre imagination féconde. Un créancier, dites-
moi, peut-il, sans entêtement et sans folie, réclamer d'un débiteur la somme qui lui est due? répondez, Monseigneur.
J'insiste : si le débiteur est insolvable ou de mauvaise foi,
pouvez-vous taxer de folie et d'entêtement, le créancier qui
revient à la charge et demande son bien? pourrez-vous dire
que le créancier a tort de demander ce qui lui est dû ? direz-
vous que le débiteur a raison? je ne pense pas que vous puissiez soutenir un pareil paradoxe.

Et la folie de votre entêtement! Oh! c'est parfait, Monseigneur, le débiteur est insolvable ou de mauvaise foi, donc le
créancier est fou d'entêtement, s'il continue a réclamer ce qui
lui appartient, surtout si le besoin le presse ; il sera même archi-
fou d'entêtement et de folie, s'il persévère à demander à cor
et à cri son bien propre. Si tout autre que vous osait tenir un
pareil langage, où l'enverriez-vous, Monseigneur? Tout homme
de bonne foi et de bon sens, ne verra jamais, dans la conduite
du créancier dont j'ai parlé, que la persévérance et la justice
de sa demande, mais il ne verra jamais la folie de l'entêtement.

Faisons l'application du raisonnement que je viens de faire
à la cause qui nous occupe et dites-moi : qui est le débiteur et

le créancier, de votre prédécesseur ou de moi, et ensuite vous me direz qui de nous deux est le plus fou d'entêtement.

L'ÉVÊQUE. — Vous vous êtes tourné vers Mgr Jordany,

LE PRÊTRE. — Pardon, Monseigneur, le terme n'est pas exact. Non, Monseigneur, je ne me suis par tourné vers Mgr Jordany, mais on m'a tourné, au contraire, vers Mgr Jordany, ce qui n'est pas précisément la même chose. Par le fait, en écrivant à votre prédécesseur, je n'ai fait que suivre machinalement l'impulsion que m'a donnée la Sacrée-Congrégation du Concile.

Rome, toujours sage dans ses voies, et scrupuleuse observatrice des saints canons, suit invariablement la même conduite, soit pour ne pas aigrir les parties, soit pour découvrir ce que la perversité humaine aurait intérêt à tenir secret, commence, dans toutes les causes qui lui sont déférées, par instruire l'évêque et faire ce qu'on appelle les informations. On m'a conseillé aussi d'écrire à votre prédécesseur, et je l'ai fait, pour obéir au conseil qui m'était donné et que j'ai suivi comme un ordre. Mais ma lettre était conçue en termes si réservés, si calculés, que Mgr Cattani, secrétaire de la Sacrée-Congrégation, trouvait ma lettre un peu sèche et trop froide; aussi S. G. hésitait pour savoir si elle devait me permettre ou non de l'envoyer. Enfin Mgr Cattani me dit : « A la rigueur, elle peut passer », et ma lettre fut mise immédiatement à la poste.

Il y a loin, par conséquent, de ma lettre à celle que vous supposez gratuitement que j'ai adressée à votre prédécesseur.

L'ÉVÊQUE. — Lui demandant pitié et miséricorde,

LE PRÊTRE. — Pitié et miséricorde! grand Dieu! où avez-vous lu, Monseigneur, que j'ai demandé pitié et miséricorde? quel est le faussaire qui a surpris votre religion et osé soutenir que l'abbé Reynoard est descendu au rôle de suppliant? qu'il a tristement demandé pitié et miséricorde, comme le prodigue de l'Évangile? tous ceux qui m'ont vu et entendu à Rome et ailleurs, pourront attester que j'ai toujours protesté contre ce rôle de suppliant que vous voulez me faire jouer. Bien loin d'être décidé à faire de la palinodie, j'ai toujours affirmé haut et ferme que je ne voulais pas de grâce, pas de pitié, mais une stricte justice. Non, pas de pitié, pas de miséricorde pour moi, mais justice inexorable. Je ne veux, et ne puis vouloir que ma réhabilitation complète et entière, si on me juge innocent; mais si on me trouve coupable, je consens à mourir dans la honte et l'ignominie d'une éternelle suspense. Voilà, Monseigneur, ce que j'ai dit cent fois et ce que je n'ai cessé d'écrire. Parler de la sorte, Monseigneur, c'est vous dire que le rôle que Votre Grandeur me prête dans sa lettre est une pure fiction de son esprit inventif et une perfide insinuation.

L'ÉVÊQUE — Mgr Jordany ne vous a pas fermé son cœur,

LE PRÊTRE. — Oh! non. Car enfin d'où sont sortis, sinon du cœur de votre prédécesseur, les mauvais desseins qui l'animaient contre moi, les calomnies qui coulaient de ses lèvres comme un torrent, les faux témoignages qu'il a rendus? il fallait bien que le cœur de votre prédécesseur fût ouvert, sinon pour moi, du moins contre moi.

Après cette explosion de la haine la plus vive et du ressentiment le plus violent, sont venus la fatigue et l'épuisement, parce que « rien de violent ne dure », dit un proverbe. La colère la plus impétueuse, cesse bientôt comme la pluie et le vent le plus fort. Donc, après le dégagement des gaz les plus délétères et l'écoulement des affections les plus déréglées, il paraît que j'ai pû pénétrer dans ce sanctuaire impénétrable qu'on appelle le cœur de l'homme. J'ai donc pû entrer dans le sanctuaire des affections les plus intimes de mon évêque. A dire vrai, Monseigneur, je n'aurais jamais cru à tant de bonheur! Mais enfin, j'ai pû me glisser furtivement dans le cœur de votre prédécesseur, à l'aide d'une lettre insignifiante, ce qui m'a fait croire, d'abord à un retour vers des sentiments plus humains de la part de votre prédécesseur.

Mais savez-vous, Monseigneur, que j'ai trouvé là, cachés, bien des pensées, bien des désirs qui n'étaient pas du tout chrétiens ; j'ai entrevu aussi quelque chose qui ressemblait à une pensée généreuse et qui m'a permis de remonter à l'autel. Mais ici, Monseigneur, souffrez que je vous le dise : est-ce qu'au besoin on ne se serait pas passé, à Rome, de la permission de votre prédécesseur, comme on l'a fait souvent pour des prêtres bien plus coupables que moi ?

D'ailleurs, ce n'était pas précisément à moi que votre prédécesseur avait à répondre, mais a la Sacrée-Congrégation du Concile. Par ma demande d'un celebret, votre prédécesseur était mis en demeure d'accorder purement et simplement ce celebret ou bien de me le refuser, ce qui l'eût mis dans un sérieux embarras. Croyez-le donc, Monseigneur, cet acte de votre prédécesseur que vous regardez comme le *nec plus ultra* d'un cœur bien né, n'a été, dans la réalité, qu'une ruse de sa part, pour se tirer d'un mauvais pas, un *modus vivendi* qui a tourné contre lui, en ce sens que ce celebret a donné la mesure de l'intelligence et de la maladresse de votre prédécesseur.

Voici, par le fait, ce que l'on s'est dit à Rome et ailleurs : ou cet évêque avait de justes motifs de suspendre ce prêtre, et alors pourquoi ne pas formuler ces motifs, pourquoi ne pas refuser net tout celebret ? pourquoi ne pas y mettre quelques restrictions au moins ? Si, au contraire, cet évêque n'avait pas de raisons suffisantes pour suspendre licitement et validement ce prêtre, pourquoi le suspend-il ? comment se fait-il qu'un évêque puisse soumettre arbitrairement un prêtre à la peine la plus terrible et la plus désastreuse ? pourquoi le dégrader aux yeux de tout un diocèse ? pourquoi surtout faire supporter pendant tant d'années à un prêtre une peine si redoutable ? « C'est incroyable ! » aurait dit Grégoire XVI, d'heureuse mémoire. Oui, c'est incroyable, et cependant cela est.

———

L'ÉVÊQUE. — Vous avez demandé un secours et il vous a été accordé,

LE PRÊTRE — Oui, certes, j'ai demandé un secours, et il m'a été accordé ! Mais croyez-le bien, Monseigneur, quand j'ai demandé un secours à mon évêque, sur le conseil de la Sacrée-Congrégation, je n'ai pas prétendu solliciter un secours proprement dit, moins encore une aumône, mais une vraie restitution d'un bien qui m'est légitimement dû, une partie des dommages-interêts que votre prédécesseur me doit, en bonne justice, pour toutes les pertes que j'ai essuyées par sa faute et son mauvais vouloir.

Ce secours m'a été accordé, je le confesse, et il a été digne de la grandeur d'âme et de la générosité de votre prédécesseur. Je le déclare donc à la face du ciel et de la terre, après m'avoir privé pendant dix ans de tout traitement, après m'avoir fait épuiser jusqu'au dernier centime que j'avais, après m'avoir privé de la faible ressource que pouvait m'offrir la célébration des saints mystères, comme on me le disait au Ministère des Cultes, à Paris, après avoir détourné la pension qui m'avait été accordée du gouvernement, votre prédécesseur m'a bénévolement accordé un secours de 150 francs, qui, hélas, se sont transformés en lires, en arrivant à Rome, et en passant par les mains de votre vénérable agent, qui reçoit des francs et ne rend que des lires, escomptant ainsi de 10 à 15 % sur le roulement des fonds qu'il manipule, plus les frais de commission.

Vous voyez, Monseigneur, que les Italiens ne plument pas mal NN. SS. les évêques qui ont recours à eux; je lois à la vérité de dire que votre agent, cédant enfin à mes instances et craignant une indiscrétion qui pouvait faire tuer la poule aux œufs d'or, a fini par me rendre l'escompte qu'il m'avait indûment retenu. Mais revenons à notre sujet.

Je dirai, par rapport au secours accordé, ce que j'ai dit déjà du celebret : maladresse! « Comment, me disait un agent apostolique, votre évêque vous a envoyé de l'argent? » Oui, mais peu. « N'importe! est-ce que le bonhomme ne sait pas qu'il se condamne lui-même! Car enfin en entrant en compte avec vous, il se reconnaît votre débiteur. »

La Sacrée-Congrégation a porté le même jugement. La chose est vraie dans la pratique, mais fausse en principe; car un agent apostolique et la Sacrée-Congrégation surtout, doivent savoir qu'un évêque qui prive un prêtre de son bénéfice, est tenu de fournir à ce même prêtre une pension viagère suffisante pour vivre conformément à son état.

L'ÉVÊQUE. — Quant à vous rendre sa confiance entière,

LE PRÊTRE. — Jamais, je dois l'avouer, Monseigneur, jamais je n'ai prétendu à la confiance entière de votre prédécesseur; ce que je demandais à mon evêque, et ce que j'avais lieu d'exiger de lui, c'est le droit de n'être pas molesté sans raisons légitimes, et le pouvoir d'exercer humblement et paisiblement les fonctions de mon ministère; il me semble que votre prédécesseur pouvait et devait même faire droit à ma demande sans faire un effort héroïque. Je vous le demande donc : si mes prétentions étaient si modestes, n'étais-je pas raisonnable?

Par le fait, un prêtre peut-il cesser d'être prêtre, et le prêtre peut-il ambitionner autre chose que les fonctions de son saint ministère? Que voulait donc faire de moi votre prédécesseur? un avocat? un cuisinier? ou bien autre chose? pourquoi pas! ne voulait-il pas faire de moi, leste encore et sans infirmités, malgré mes soixante ans, un vieillard décrépit, rachitique, écloppé, asthmatique, qu'il fallait reléguer dans un hôpital d'incurables, entretenu par la charité publique, à Saint-Jean-de-Dieu de Marseille. Ah! je ne dirai pas l'horreur et le dégoût qu'une pareille proposition inspire quand elle revient jusqu'à trois fois de la part d'un évêque? Votre prédécesseur ne voyait-il pas que, en agissant de la sorte, il se jetait lui-même dans l'égout où il voulait me précipiter.

L'EVÊQUE. — En vous rétablissant pasteur des âmes dans le diocèse que, dix ans durant, vous avez scandalisé par votre désobéissance et votre obstination!

LE PRÊTRE. — La main sur la conscience, Monseigneur, croyez-vous un seul mot de tout le verbiage que vous venez de débiter? Non, Monseigneur, vous n'y croyez pas, vous avez trop d'esprit et d'ailleurs vous avez trop parlé pour que je puisse croire un moment que vos paroles sont d'accord avec votre pensée. Vous faites comme la sèche qui, pour échapper à ses ennemis, répand une liqueur noire qui trouble la limpidité des eaux et s'échappe du danger; ou même encore vous cherchez à m'embarrasser dans vos liens comme l'*aragne* entortille la mouche dans ses filets pour en faire sa victime. Vous avez beau faire et beau dire, Monseigneur, je saurai déjouer toutes vos ruses et vous ne parviendrez jamais à me séduire, ni à me tromper, ni même à me faire perdre la piste du gibier que je poursuis.

Permettez-moi donc de vous le demander : avez-vous sondé toute l'horreur des graves accusations que vous venez de formuler contre un pauvre prêtre? Quand est-ce, dites-moi, que le diocèse a été scandalisé et par qui? quels sont ceux que ma désobéissance et mon obstination ont séduits? et s'il y a eu scandale qui l'a donné? est-ce votre serviteur ou votre prédécesseur? Oh! Monseigneur, ici encore je suis forcé de refouler dans le fond de mon âme les idées qui viennent en foule, de réprimer les mouvements impétueux que soulèvent un pareil langage et la duplicité de mon évêque. Voulez-vous donc, Monseigneur, que je soulève le voile de l'oubli que j'avais déjà jeté sur la réalité des faits? me permettez-vous seulement de lever un coin du voile qui couvre la vérité? Oh! oui, alors vous verrez des scandales, et des scandales horribles, intolérables. Voulez-vous des noms propres? je vous les fournirai si cela peut vous plaire, et alors vous pourrez dire si le scandale vient de moi ou d'un autre. J'ai tout vu, tout su, tout entendu, tout noté; je puis dès lors tout dire sans forfaire à la vérité et sans avoir à redouter un démenti. Cessez donc, cessez, Monseigneur, de parler de scandale, ou du moins de m'accuser d'avoir été l'occasion d'un scandale pour tout le diocèse, ou je cesserai de me contraindre et de garder un religieux silence. Oui, Monseigneur, vous verrez alors, je le répète, vous verrez des scandales, des scandales enfin qui, semblables à des torrents débordés, portent partout la terreur et la mort.

Ce scandale que vous m'attribuez faussement vient, selon vous, de ma désobéissance et de mon obstination. Ma désobéissance et mon obstination peuvent avoir prévenu bien des excès de pouvoir, bien des abus, j'en conviens; mais ont-elles été contagieuses? je le nie hautement. Par le fait, ma désobéissance et mon obstination, comme il vous plaît de le dire, en inspirant la terreur et l'effroi à mes confrères, ont pu faire de nombreux hypocrites, mais à coup sûr, elles n'ont enfanté aucune imitation : les caractères sont trop rares, par le temps qui court, les mœurs sont trop relâchées et les esprits trop abâtardis pour que des prêtres s'exposent volontairement à des persécutions aussi redoutables que longues et inutiles.

L'ÉVÊQUE. — Et votre obstination,

LE PRÊTRE. — Cent fois votre prédécesseur a mis en avant les mêmes accusations. Il a plus fait encore : il m'a sérieusement accusé d'avoir refusé d'écouter les conseils que des amis dévoués m'avaient donnés, ce qui est certainement une circonstance aggravante; mais ces amis, s'il vous plaît, à qui étaient-ils dévoués? est-ce à moi ou à votre prédécesseur? dévoués à quoi? à mes intérêts ou à ceux de votre prédécesseur? Ainsi, par exemple, un ami dévoué vient me demander un blanc-seing de la part de l'Evêché, l'auriez-vous écouté? Un autre écrit à l'Evêché : « Rien n'a pu dompter encore le prêtre rebelle à vos ordres; mais laissez-moi faire, je vais l'amener à vos pieds. » Et aussitôt il se met en quatre pour m'extorquer une honteuse amande honorable. A ma place, Monseigneur, l'eussiez-vous écouté et eussiez-vous suivi un conseil qui vous aurait mené droit à votre perte? Un autre ami dévoué m'écrivait : « Venez me trouver, j'irai avec vous à notre père commun, là je me jetterai avec vous à ses pieds, et je lui dirai : Père, qui avez été si profondément contristé par les égarements de cet enfant prodigue, le voilà qui déplore ses erreurs et demande humblement pardon », etc. etc.; un quatrième, puis un cinquième, me conseillaient de me retirer à l'hôpital de Saint-Jean-de-Dieu, pour délivrer à jamais mon évêque de ma présence. Je ne finirais pas si je voulais décliner seulement les noms de tous les *amis dévoués* qui sont venus à moi dans ma détresse. Job, sur son fumier, ne vit que trois amis et il les trouva *onéreux*. Quelle devait donc être ma peine et ma douleur de voir des ennemis venir en foule et salir comme des harpies, tout ce qui m'environnait! Franchement, si, à ma place, vous aviez vu venir à vous des amis aussi dévoués et qui ne ressemblaient pas mal à ceux qui les envoyaient, eussiez-vous suivi leurs conseils dangereux? Au contraire, n'eussiez-vous pas fait comme Job, n'eussiez-vous pas répondu à leurs attaques, repoussé leurs injustes reproches et réfuté leurs folles raisons?

Pour moi, Monseigneur, je n'ai pas voulu croire à des amis indignes de ma confiance et auxquels je n'aurais pas voulu ressembler, est-ce un si grand crime ? Et quand votre prédécesseur vient me reprocher mon obstination, a-t-il bien le droit de jeter des pierres dans mon jardin, de soulever une pareille accusation ? n'a-t-il pas mis à mon retour des conditions onéreuses et inacceptables ? ne s'est-il pas montré inexorable dans tous les temps ?

Mgr Jordany devait et pouvait couper court à cette prétendue obstination, ou, si vous voulez, à ce prétendu scandale, dont il se plaint si gauchement et si obstinément, l'a-t-il fait ? non ; votre prédécesseur pouvait provoquer au moins un jugement définitif de ma cause, l'a-t-il fait ? non encore ; au contraire, pendant que j'attendais de jour en jour un jugement quelconque de Rome, votre prédécesseur mettait tout en œuvre et faisait jouer tous les ressorts, même les plus déloyaux, pour arriver à ses coupables fins, pour gagner mes agents, pour corrompre mes avocats, pour effrayer mes amis qui pouvaient me donner aide et conseil, pour intimider mes juges et pour tromper la Sacrée-Congrégation.

S'il y a donc scandale et obstination, qui en est la seule et première cause, n'est-ce pas votre prédécesseur ?

Un moyen plus facile encore s'offrait à votre prédécesseur pour prévenir le scandale. Oui, Monseigneur, votre prédécesseur pouvait réparer le tort qu'il m'avait causé, l'injure qu'il avait faite à tout le clergé dans ma faible personne, et, pour laver l'opprobre fait à tout le sacerdoce, votre prédécesseur n'avait qu'à me replacer immédiatement après mon transfert de paroisse. Ce qu'il n'avait pas fait immédiatement, il pouvait le faire la semaine d'après, le mois d'après, l'année d'après : l'a-t-il fait ? ne pouvait-il pas le faire ? s'il ne l'a pas fait, peut-il me reprocher sans rougir, ce qu'il veut bien appeler mon obstination et crier au scandale ? Ne faut-il pas avoir perdu la tête et la raison pour oser mettre en avant les accusations de désobéissance et d'obstination ?

Cette aberration, de la part d'un cerveau ramolli, n'a rien qui m'étonne ; mais ce qui m'épouvante et me confond, Monseigneur, c'est de voir qu'un évêque nouveau, instruit et adroit, un évêque puissant en œuvres et en paroles, vienne réveiller de l'oubli, dix ans après, les futiles et fausses accusations de désobéissance et d'obstination, et puisse les formuler surtout avec autant d'insistance et de crûdité dans une lettre de six pages énormes.

———

L'ÉVÊQUE. — Votre évêque le pouvait-il ?

LE PRÊTRE. — A cette question je répondrai brièvement et carrément : Non, Monseigneur, votre prédécesseur ne le pouvait pas, il était incapable d'une action généreuse. Le grand Assuérus, roi de cent vingt provinces, trompé par Aman, mais revenu de son erreur, pouvait révoquer humblement l'arrêt de proscription qu'il avait lancé contre tous les juifs ; Nicolas, empereur de toutes les Russies, pouvait demander humblement et publiquement pardon à un brave général qu'il avait outragé la veille ; un vénérable évêque de Fréjus pouvait faire des excuses à un recteur qu'il avait froissé par sa vivacité ; la foule d'applaudir à ces grandes âmes, et de s'écrier : *ó felix culpa !* Mais votre prédécesseur pouvait-il marcher sur les traces de ces grands hommes, sans se déjuger, sans reconnaître qu'il s'était horriblement trompé, ou qu'il avait été affreusement trompé, par de perfides conseillers, sans réparer une longue et cruelle injustice, sans confesser, en un mot, qu'il était homme, comme le reste des mortels ? Or, votre prédécesseur était-il homme comme les autres ? n'a-t-il pas prouvé le contraire par ses actes ?

Son Eminence le cardinal Gousset dit bien que « les évêques sont hommes comme le reste des hommes ; qu'ils peuvent se tromper et être trompés ; qu'ils sont sujets aux mêmes entraînements, exposés aux mêmes faiblesses, aux mêmes passions. » Oui, mais Son Eminence Mᵍʳ Gousset a fait erreur, et quand l'Ecriture dit : « Tout homme pêche, même l'enfant qui vient de naître », se trompent, ou du moins ils eussent mis une exception à la règle, s'ils avaient eu le bonheur de venir en l'an de grâce 1865 et s'ils avaient connu votre vénéré prédécesseur.

———

L'ÉVÊQUE. — Et quelle est la paroisse qui, vous connaissant, eût voulu de vous ?

Le prêtre. — Dans un entretien que j'ai eu l'honneur d'avoir avec Votre Grandeur, vous m'avez dit, Monseigneur, que « l'honneur de l'épiscopat exigeait impérieusement de moi que je fisse une rétractation de mes dires et de mes gestes et que je demandasse pardon de mon passé, si je voulais avoir l'honneur de remonter à l'autel »; trois fois j'ai prié Votre Grandeur de me donner par écrit cette déclaration, et, trois fois, Votre Grandeur a rejeté ma demande. Aujourd'hui, je vous prierai, Monseigneur, d'avoir la bonté de me donner par écrit ce que vous venez de me dire, ou, du moins, de me permettre de crier sur le toit ce que Votre Grandeur vient de me dire dans le secret d'une lettre et du cabinet, et vous verrez. Est-il possible que les supérieurs ecclésiastiques soient aussi affreusement trompés sur l'état réel des peuples qui leur sont confiés? « Quelles sont les paroisses qui, vous connaissant, eussent voulu de vous? » Toutes! Monseigneur, oui, toutes, je le répète; toutes ces paroisses ne cessent de m'écrire pour demander de mes nouvelles, pour rédiger des certificats honorables, pour soupirer après le moment où justice me sera enfin rendue. Ces paroisses se souviennent avec bonheur que jamais leurs églises n'ont été aussi fréquentées, la parole de Dieu distribuée avec autant d'assiduité et d'intelligence, que les offices et les sacrements n'ont été mieux fréquentés, que les solennités n'ont été plus pompeuses, jamais les malades mieux assistés, les pauvres mieux secourus, et, dix fois dans l'année, ces paroisses ne peuvent s'empêcher de se dire : « Ah! si M. Reynoard était encore avec nous, nous ne verrions pas ce que nous voyons; mais, à coup sûr, nous verrions ce que nous ne verrons jamais plus. »

Dernièrement j'ai passé vingt-quatre heures seulement dans un pauvre pays dont j'étais absent depuis trois ans et dont je ne suis plus curé depuis treize ans, et qui, depuis cette époque, me voit malheureux et sous les coups de l'arbitraire, d'un pays qui, depuis mon transfert de paroisse, en est à son troisième curé : ce bon peuple, je dois le dire à sa louange, n'a pû revoir son ancien curé sans venir à lui, sans le féliciter de son retour, sans lui demander si on lui avait enfin rendu justice, sans l'inviter à sa table; de sorte que l'on a vu se réaliser en cette circonstance les paroles de l'Écriture : *Israël se réjouira quand le Seigneur aura changé la captivité de son peuple.* Que ferait donc ce pays s'il me revoyait encore pour curé? croyez-

vous qu'il me traiterait comme les juifs traitèrent saint
Etienne? qu'ils me honniraient, qu'ils me détesteraient comme
ils ont honni et détesté un de mes successeurs? Tous, Monseigneur, ont été aussi réjouis de mon retour, qu'ils avaient été
attristés de mon malheur. Je dirai plus, Monseigneur, tous les
pays que j'ai traversés, et ils sont nombreux, toutes les personnes que j'ai revues, ont manifesté le même empressement; tous
m'ont témoigné les mêmes sympathies. Or, *vox populi, vox Dei,*
dit un proverbe. Ce témoignage public et désintéressé des peuples témoins de mes œuvres, est bien fait pour contrebalancer
avec avantage les jugements erronnés d'un évêque étranger et
nouveau venu, d'un évêque trompé par la malveillance et l'astuce de quelques hommes pervers et sincèrement détestés par
leurs rapines et leur brutalité.

L'ÉVÊQUE. — Quels sont les fidèles auxquels vous auriez
eu le droit de prêcher la soumission à Dieu ou aux lois de
l'Eglise?

LE PRÊTRE. — Depuis le commencement de votre lettre,
Monseigneur, vous jouez avec l'équivoque, vous érigez en principe ce qui est en question, vous ne faites que des sophismes.
Laissons enfin les voies détournées et parlons en termes clairs
et précis.

Quel est le commandement de Dieu que j'ai violé? pourriez-
vous me dire aussi quel est le statut du diocèse que j'ai violé,
ou les convenances auxquelles j'ai manqué, pour n'avoir plus
le droit de les prêcher aux fidèles? quel excès, quel crime ai-je
commis pour que les fidèles puissent me dire avec l'Evangile:
Médecin, guérissez-vous vous-même! qui doit les pousser à me
dire encore avec l'Evangile: *Otez la poutre qui est dans votre
œil et, après, vous pourrez travailler à ôter la paille qui est
dans notre œil.* Quel est celui des fidèles qui pourrait me dire
aussi: *Vous nous imposez des commandements qui furent
inconnus à nos pères, et que vous n'avez pas osé toucher du bout
de vos doigts.* Non, non, Monseigneur, si je reparaissais au milieu
des populations avec lesquelles j'ai vécu, si je remontais dans
les chaires, d'où j'ai distribué la parole divine, je n'aurais pas

à chanter la palinodie, ni à prendre des précautions oratoires pour disposer mon auditoire en ma faveur; je pourrais aborder brusquement l'explication de l'Evangile, et continuer à prêcher la vérité que j'annonçais jadis. Sous les rides que l'âge et surtout l'épreuve ont creusés sur mon front, sous mes cheveux blanchis par les angoisses, ils me retrouveraient le même que j'étais autrefois; que dis-je! ils me reverraient grandi par l'épreuve. Que diraient-ils si je leur racontais les misères que j'ai dû supporter pour la défense des vérités que je leur annonçais? Ah! Monseigneur, ils seraient émus jusqu'aux larmes, et peut-être que, à mon exemple, ils auraient plus de courage pour respecter le prêtre, pour braver le respect humain et pour surmonter les mille obstacles qui s'opposent à la pratique de la religion de Jésus-Christ.

Mais vous, Monseigneur, vous qui me disputez le droit d'annoncer désormais la parole divine aux peuples que j'ai évangélisés, dites-moi : avez-vous toujours été fidèle à l'accomplissement des lois de l'Evangile? Mieux que moi, vous savez ce que dit le premier commandement et le second *qui lui est semblable* (remarquez bien ce mot évangélique : *qui lui est semblable*). Or, que disent ces commandements? — *Vous adorerez votre Dieu.* — C'est parfait! maintenant que dit le second commandement? — *Vous aimerez votre prochain comme vous-même.* — C'est à ces *deux commandements* que se réduisent toute la loi et tous les prophètes. — A merveille! mais, dites-moi : aimez-vous votre prochain? votre prédécesseur l'a-t-il aimé et l'aime-t-il encore? Voici ce que dit l'Evangile : *Si vous venez m'offrir vos présents et vous vous souvenez que votre prochain a quelque chose contre vous, laissez-là votre offrande; allez vous reconcilier avec votre frère prochain et vous viendrez m'offrir après vos offrandes.* Avez-vous suivi ce précepte, votre prédécesseur et vous? Comment! est-ce que vous croiriez, comme les juifs, rendre gloire à la loi de Dieu, en persécutant vos ouailles d'une manière inhumaine, en déshonorant vos prêtres, en leur faisant endurer toutes les tortures de la misère et de la faim? Votre prédécesseur a pu faire tout cela et se dire encore évêque? il ose monter tous les jours à l'autel, réciter le *pater* et dire effrontément à Dieu : « Pardonnez-nous nos offenses, comme nous pardonnons à ceux qui nous ont offensé. » *Quoi! un homme réserve à un homme les trésors de sa colère et demande grâce à Dieu?* dit l'Evangile. L'homme n'a pas de pitié pour un *homme semblable à lui et demande grâce pour ses péchés?* Il peut, il est vrai, mentir à sa conscience ; mais peut-il tromper celui qui *sonde les cœurs?* la prière de votre prédécesseur peut-elle tromper, peut-elle faire autre chose que d'allumer la colère de Dieu et d'attirer le feu qui doit le dévorer un jour?

Pour vous c'est bien pire, Monseigneur : qu'avez-vous à faire dans cette galère, comme j'ai eu déjà l'honneur de vous le dire, et que vous ai-je fait? quelle injure avez-vous à venger? aucune ; et cependant vous sévissez contre moi de la manière la plus sévère, vous exercez la plus cruelle et la plus inique des vengeances. Vous le voyez donc, Monseigneur, ce n'est pas moi, mais c'est votre prédécesseur et vous, qui avez perdu le droit de prêcher aux fidèles de votre diocèse, l'obéissance à la loi de Dieu, le droit de prêcher le plus beau de tous les préceptes, le seul que l'apôtre de la Charité prêchait encore à ses ouailles, à cent dix ans, la vertu la plus conforme à la nature de Dieu que nous adorons, la Charité. car Dieu est Charité, le droit de prêcher aux fidèles la concorde et la paix. Car enfin, Monseigneur, ne démentez-vous pas hautement par vos œuvres, les leçons que vous prêchez, et ne pourrai-je pas vous dire avec J.-J. Rousseau aux philosophes de son époque : « Vos maximes sont belles, philosophes ; mais où en est la sanction? » Ne pourrai-je pas vous dire encore avec saint Jean-Chrysostôme aux évêques de son temps : « Comment voulez-vous que les peuples soient patients, doux et désintéressés, quand ils voient que les évêques sont colères, impatients et intéressés? » *Les évêques doivent être le modèle, le moule, où doivent se former les fidèles,* disait saint Pierre. Or, comment voulez-vous que les ouailles prennent le chemin du ciel, si vous ne leur montrez que la voie large qui mène à la perdition?

Les peuples ne ressemblent que trop ordinairement à ceux qui les gouvernent ; aussi saint Grégoire le Grand avait raison de dire que « les débordements des peuples viennent de la faute des pasteurs. »

Et puis, Monseigneur, qu'elle est cette église dont parle Votre Grandeur? est-ce l'Eglise mère et racine de toutes les églises? « Oh ! disait Jeanne d'Arc, si je savais qu'une seule fibre de mon corps ne fût pas soumise à l'Eglise, je l'arracherais aussitôt, et je la bouterais dehors ! Plût à Dieu que vous m'eussiez laissée au tribunal de l'Eglise, je ne mourrais pas aujourd'hui de vos mains ! » De quelle église me parlez-vous donc? de l'église de Fréjus? de celle qui n'a que la violence et l'arbitraire pour règle de conduite? oh! alors je vous dirai hardiment ce que la vierge de Veaucouleur répondait au trop fameux évêque de Beauvais : « Je ne vous connais pas! » — « Est-ce que l'Eglise, la vraie Eglise, est renfermée dans un coin de la terre, ou personnifiée dans un évêque? » vous dirai-je avec saint Augustin aux évêques Donatistes.

Si vous me parlez des commandements de l'Eglise, je vous dirai que je les ai accomplis autant que mes forces pouvaient me le permettre, et beaucoup mieux que bien d'autres à qui vous n'adressez cependant aucun reproche. Ainsi, par exemple, je n'ai jamais mis une poularde à la broche un vendredi-saint pour conserver mon embonpoint, ou pour entretenir la fraicheur de mon teint. Là-dessus, je ne crois pas que les fidèles aient à m'en remontrer jamais.

Si, au contraire, vous me parlez de l'Eglise en général, de l'Eglise notre mère à tous, je puis assurer Votre Grandeur que je tiens à cette Eglise, fondée par Jésus-Christ, du plus profond de mes entrailles, et que j'ai toujours obéi à ses lois *en esprit et en vérité*, et beaucoup mieux que bien d'autres qui, certes, sont bien plus élevés que moi dans la hiérarchie ecclésiastique. « J'ai toujours tenu à être catholique, non à la façon de Bossuet, mais du Pape et de l'Evangile », dirai-je avec un de vos illustres prédécesseurs. Ainsi, par exemple, je n'ai jamais écrit comme Mgr Sibour à M. le comte de Montalembert, fourvoyé dans son catholicisme libéral : « La nouvelle école ultramontaine nous mène à une double idolâtrie : l'idolâtrie du pouvoir temporel et l'idolâtrie du pouvoir spirituel. Quand vous avez fait, comme moi, profession d'ultramontanisme, vous n'entendiez pas les choses ainsi; nous défendions contre les prétentions du pouvoir temporel, l'indépendance du pouvoir spirituel. Nous respections la constitution de l'Eglise et la constitution de l'Etat; nous ne faisions pas disparaître tout pouvoir intermédiaire, toute hiérarchie, toute discussion raisonnable, toute résistance légitime, toute individualité, toute spontanéité; le pape et l'empereur n'étaient pas, l'un, toute l'Eglise, et l'autre tout l'Etat.

« Sans doute il est des temps où le pape peut s'élever au-dessus de toutes les règles, qui ne sont que pour les temps ordinaires et où son pouvoir est aussi étendu que les nécessités de l'Eglise. Les anciens ultramontains en tenaient compte, mais ils ne faisaient pas de l'exception, la règle. Les nouveaux ultramontains ont poussé tout à l'extrême et ont raisonné à outrance contre toutes les libertés, celles de l'Etat comme celles de l'Eglise. Si de pareils systèmes n'étaient de nature à compromettre les plus graves intérêts de la religion dans le présent et surtout dans l'avenir, on pourrait se contenter de les mépriser; mais quand on a le pressentiment des maux qu'ils nous préparent, il est difficile de se taire et de se résigner : vous avez donc bien fait, Monsieur le comte, de les stigmatiser. »

Peut-on formuler, en termes plus courts et plus précis, le plus brutal gallicanisme.

Pendant le Concile du Vatican, un éminent prélat, dans une circulaire adressée aux prêtres de son diocèse, demandait pour l'Eglise : 1° le gouvernement parlementaire; 2° la primauté d'honneur pour le Saint-Siége; 3° l'infaillibilité de l'Eglise; et 4° enfin, la tenue décennale des Conciles généraux. C'est tout juste la ruine de fond en comble de l'Eglise telle que Jésus-Christ l'a établie. Or, ai-je demandé pour l'Eglise ma mère des prérogatives aussi subversives? cependant je ne suis pas évêque.

Ai-je refusé à Pie IX, souverain Pontife, comme un archevêque de Paris, le droit de recevoir un appel canonique, et, à un prêtre, le droit d'adresser un appel au Saint Siége? ai-je refusé au Pape le droit inhérent à sa charge, d'intervenir, s'il est besoin, dans les affaires d'un diocèse, et l'ai-je menacé, en cas d'instance sur ce point, de soulever tous les évêques de France contre le Saint-Siége et de porter les causes ecclésiastiques devant le public et partant d'effrayer mon pays, comme on l'a fait si souvent, par ce cri d'épouvante que le grand pontife des juifs poussait traitreusement en face du Sauveur? *Si nous laissons aller cet homme, si nous le laissons empiéter sur nos droits, les Romains viendront et s'empareront de notre nation et de notre pays.*

« Depuis vingt ans, disait un illustre prélat, le Siége Pontifical a été attaqué, frappé, trahi, opprimé, livré à des ennemis implacables, les évêques français l'ont défendu, servi, assisté, aimé, exalté, consolé dans un magnifique mouvement que le temps n'a point affaibli. Ne sont-ce pas les évêques qui ont donné la première impulsion à cette œuvre si touchante du denier de saint Pierre. Ah! j'ose le dire, tant de dévouement à Rome donne à l'Eglise de France le droit d'être entendue quand elle parle de son attachement au Saint-Siége. Oui, oui, nous pouvons le dire aussi, le Saint-Siége a entendu l'Église de France et elle a même tout compris. » Aussi l'illustre prélat a pù ajouter : « Tel est l'entraînement de la France vers le centre de l'unité, que les doctrines exagérées passent les monts en venant de France, et c'est de Rome que partent la modération, le tempérament, la sagesse ; c'est Rome qui arrête la furie française, et se refuse à mettre les excès dans ses dogmes. » Le moyen ? la menace était trop claire pour se méprendre et Rome a suivi le conseil prudent de Phèdre ; oui, elle a choisi de deux maux le moindre : il s'agissait pour Rome de vivre ou de mourir, elle a préféré la vie à la mort.

Et vous-même, Monseigneur, avez-vous tenu un langage différent et une conduite plus dévouée que les prélats illustres que je viens de citer ? qu'avez-vous fait à Rome quand vous avez vu que vous ne pouviez enlever de terre le pauvre prêtre que vous vouliez étouffer dans vos bras ? quand vous avez compris que vous ne parveniez pas à inspirer votre sagesse, ni votre modération de commande ? Vous avez rappelé votre dévouement au Saint-Siége ; vous avez fait savoir prudemment que vous êtes un de ces prélats qui ont donné la première impulsion à cette œuvre si touchante du denier de saint Pierre ; vous avez donné à entendre que si on ne faisait pas droit à vos demandes, vous ne pourriez plus faire les mêmes efforts. Cette tactique astucieuse a-t-elle réussi ? Si vos perfides insinuations ont abouti, pourquoi cette scène ignoble que vous avez jouée ? pourquoi dire à un prélat timide et surpris que vous croyez faussement dans mes intérêts : « L'archevêque de X. . et mon prédécesseur sont furieux contre vous ; voyez, si vous vous mêlez des affaires de nos diocèses, nous vous écraserons, nous vous mettrons en pièces et nous vous ferons chasser du Vatican. parce que nous sommes les plus nombreux et les plus forts ! »

« Quand un prêtre rebelle à son évêque vient à Rome, vous n'avez qu'à lui dire de se soumettre à son évêque. »

La justice prend-elle ces allures ? d'après Votre Grandeur, un prêtre rebelle à son évêque est celui qui adresse un appel canonique au Saint-Siége ; et celui qui adresse un appel canonique, ne doit ni attendre, ni recevoir de Rome le jugement qu'il a provoqué par son appel : non, il doit, au contraire, se soumettre à son évêque, et recevoir de lui la vie ou la mort, *ad libi-*

tum de l'évêque, cela va sans dire. Peut-on, je vous le demande, refuser plus formellement à un prêtre le droit d'appel au Saint-Siége, et au Saint-Siége le droit de recevoir un appel canonique ?

Vous faites, je l'avoue, des mandements sublimes en faveur du Saint-Siége ; vous gémissez amèrement sur l'état déplorable qui est fait au glorieux Saint-Père Pie IX ; vous envoyez même au captif du Vatican d'abondantes aumônes pour subvenir à ses nécessités. Oh ! c'est bien ! c'est magnifique ! Mais vos œuvres sont-elles d'accord avec vos paroles, et le Souverain Pontife ne pourrait-il pas dire souvent de plusieurs de vous, ce que le Seigneur disait autrefois de son peuple : *Ce peuple m'honore du bout de ses lèvres, mais son cœur est loin de moi.*

On se souviendra toujours, Monseigneur, que sur 750 évêques environ, réunis au conseil du Vatican, 57 prélats illustres, savants et pieux d'ailleurs, ont refusé d'adhérer à la définition de l'infaillibilité du Pape, et que, sur ces 57 évêques opposés à cette définition dogmatique, nous avons compté malheureusement 33 à 34 évêques français. La rébellion a été publique, l'adhésion a-t-elle été aussi solennelle que la faute? tous les évêques rebelles aux décisions d'un Concile œcuménique sont-ils revenus de leur erreur? je l'ignore et je ne veux, ni ne puis sonder ce mystère. Quoiqu'il en soit, devez-vous être étonné, Monseigneur, si les gouvernements se rient des décisions de l'Eglise, et tournent en dérision les assemblées les plus solennelles et les plus saintes qui furent jamais? Est-il étonnant que les peuples refusent de croire les dogmes que l'Eglise définit, et repoussent les règles de conduite que vous leur apportez ? font-ils autre chose que de suivre l'exemple que leur ont donné les pasteurs?

Si la France est dans la confusion, si le monde est dans le trouble, si les peuples deviennent payens et semblables à des brutes, vous faites retomber tout le poids de votre indignation sur un prêtre misérable qui ose résister à des ordres iniques, qui refuse de se soumettre à des abus que l'honneur et la conscience condamnent, vous l'accablez de vos injures, vous lui interdissez l'eau et le feu, vous le traitez comme un faussaire et un meurtrier, et vous l'accusez d'être la cause de tous les fléaux qui désolent la société.

La justice soutient les trônes, dit l'Ecriture, *et l'injustice les ébranle et les renverse.* Voulez-vous donc la raison de tous les ébranlements qui épouvantent la terre, qui arment les peuples les uns contre les autres et qui ont attiré surtout tant de malheurs et tant d'ignominies sur notre pauvre France ? Rapprochez, vous dirai-je, l'époque du Concile et celle de nos malheurs, et puis dites-moi à qui s'adresse le Seigneur quand il dit par son prophète : *C'est un peuple qui provoque la colère, des enfants qui ne veulent pas entendre la loi de Dieu, qui disent à ceux qui voient : « Ne voyez pas », et à ceux qui regardent : « Ne regardez pas les choses qui vont bien. » Dites-nous des choses agréables, voyez des erreurs, détournez la voie, éloignez la face de Dieu. Parce que vous avez méprisé cette parole, et que vous avez mis votre confiance dans la calomnie et dans le tumulte et que vous vous êtes appuyés sur lui, cette iniquité pèsera sur vous, et vous serez brisés, comme on brise une bouteille par un violent effort, et, de ses débris, il ne restera pas un morceau pour ramasser un peu de feu dans un incendie, ou pour puiser un peu d'eau.* Si la guerre se déchaîne avec toutes ses fureurs ; si l'ennemi tombe sur nous comme la foudre ; s'il étend ses ravages comme un torrent dévastateur ; si tout plie devant sa face, c'est qu'il peut dire lui aussi : je suis le fléau de Dieu pour punir les prévarications d'Israël. Dieu lui a dit : « Frappez sans miséricorde, que votre œil n'épargne ni le vieillard, ni le jeune homme, ni la vierge, ni l'enfant, ni la femme et commencez par le sanctuaire. » Le barbare a entendu la voix de Dieu, et il s'est mis à l'œuvre nous savons quand et comment.

Et ici que personne n'ose me contredire, parce qu'un prélat illustre lui répondrait : « Nous avions abandonné les voies de la justice et de la vérité, et Dieu nous a punis. » Cet illustre évêque tient dans sa lettre, à un homme politique, le même langage que le lion dans la fable des Animaux malades de la peste ; lui aussi avoue avoir mangé quelquefois le berger.

Ah ! c'est donc vous et vos tristes adhérents qui, par vos détestables maximes, par vos excès de pouvoir et vos injustices, avilissez le clergé, le déshonorez, paralysez ses efforts et en faites la risée des peuples, la balayure de la Société ; c'est vous qui couvrez d'opprobre son ministère ; le prêtre porte sa honte à l'autel et couvre de sa honte le saint des saints ! ce sont vos funestes théories en administration qui pervertissent aussi le clergé, le forcent à dévier de sa voie, éloignent de la religion de nos pères. les fidèles, fournissent des armes aux ennemis de la foi, déchaînent sur la misérable humanité tous les maux, ébranlent la terre et préparent des maux bien plus grands : les cataclysmes qui nous menacent dans un avenir plus ou moins éloigné.

« Comment n'être pas saisis de crainte à la vue de ce qui se passe? mais ce qui nous consterne, ce qui jette sur nous les plus sombres appréhensions, c'est le désarroi que nous constatons dans les intelligences, de quelque côté que nous nous tournions ; que nous regardions en haut, en bas, loin ou près de nous, c'est un bouleversement sans nom que rencontrent nos yeux. On ne sait plus où est le mal, où est le bien. Qu'y a-t-il d'honnête ou de déshonnête? chaque heure, chaque instant, nous révèlent un degré de plus dans le mal que nous venons de constater. En un mot plus de principe, et pas un homme. Semblable à un navire désemparé, dont l'équipage a follement repoussé le pilote, à l'heure où la tempête brisait le gouvernail, jouet des flots soulevés, court à un naufrage certain. » (Citoyen.)

« Ce sont les grands pontifes de l'antique Gaule qui ont fait la France grande et glorieuse », disait M. de Laurentie ; mais, disons-le aussi, ce sont les prélats sortis des officines des assemblées du clergé de 1682 et de la boutique de Louis XIV, qui auraient perdu la France, si la France avait pû être perdue, qui l'ont poussée dix fois sur les bords de l'abîme du schisme.

« Le schisme, disait Fénélon, n'est plus à craindre ; il est fait. » Ce schisme, nous ne pouvons nous le dissimuler, se perpétue et il est d'autant plus dangereux, qu'il se pare des dehors du zèle et des apparences de la vérité la plus pure.

CINQUIÈME ENTRETIEN

L'ÉVÊQUE. — Au moins il aurait fallu un acte public et solennel par lequel, condamnant votre conduite et désavouant votre passé,

LE PRÊTRE. — Cet alinéa est court, mais il faut avouer qu'il est plein de choses. D'abord, Monseigneur, je dois dire à Votre Grandeur que cet « au moins » est bien de reste ; car enfin je ne puis convenir que la négation de la divinité de Jésus-Christ, ou la confusion de ses deux natures, soient un crime moins grand qu'une prétendue insoumission à un évêque et un manque d'égard vis-à-vis d'un grand vicaire. Or, voyons-nous que les Conciles d'Ephèse et de Constantinople aient exigé des impies Arius et Nestorius, un acte public et solennel, par lequel ces pestes du genre humain devaient condamner leur conduite et désavouer leur passé ? Non, Monseigneur, les Conciles n'ont exigé d'Arius et de Nestorius que la souscription aux actes qui avaient été dressés en faveur de la vérité.

Eusèbe de Césarée, partisan secret d'Arius, refuse de signer les actes du Concile, et tous les pères s'écrient de concert : « Eusèbe est Arien ! qu'il sorte du milieu de nous ! » Epouvanté par cette levée de boucliers, Eusèbe se résigne à signer les actes du Concile, et tous les pères s'écrient alors : « Eusèbe est orthodoxe, qu'il reste avec nous », et tout l'émoi causé par ce pénible incident s'apaise. »

Nous avons dit déjà que nombre d'évêques de France ont refusé de se soumettre aux décisions d'un Concile œcuménique, sont devenus partant hérétiques, et ont causé un vrai scandale intolérable. Plusieurs, tous même, ont fait leur soumission, je veux le croire ; mais dites-moi, a-t-on exigé de la part de ces évêques une rétractation publique et solennelle, écrite et signée de leur main ? a-t-on stipulé qu'ils demanderaient pardon, qu'ils s'engageraient à désavouer leur passé, qu'ils s'engageraient à vivre en évêques repentants et soumis et hors de leur diocèse ? non, quelques-uns sont allés se jeter aux pieds du Saint-Père ; d'autres ont envoyé secrètement leur adhésion pure et simple aux décisions du Concile et tout a été fini.

Et moi, Monseigneur, pour une légère insoumission, motivée sur les plus hautes raisons, j'aurais commis un crime plus abominable qu'Arius et Nestorius, qui anéantissaient ou confondaient les deux natures, et la divinité du verbe ? et, pour expier le crime que vous supposez, il faudra un acte public et solennel par lequel, condamnant ma conduite et désavouant mon passé, je fasse une rétractation en règle et signée de ma main, puis une honteuse amende honorable pour un crime qui

n'existe que dans le cerveau ramolli d'un évêque? Savez-vous
bien ce que c'est qu'une rétractation? C'est le désaveu et la
condamnation de tout ce que j'ai dit ou fait. Il faudra donc que
je condamne mon appel canonique, ma défense et tout ce qui
a été la suite nécessaire de cette première démarche? Est-ce
tout? Oh! non, puisque vous ajoutez : « et désavouant votre
passé ». Mais quel est, s'il vous plaît, ce passé que je dois désavouer encore? quel est ce passé que vous me reprochez et que
je dois regretter? est-ce autre chose que mon appel et ma légitime défense? pourquoi cette redondance de mots? dites-moi,
Monseigneur, est-ce un si grand crime et un si grand forfait
que je doive condamner et désavouer, si je n'ai fait qu'user
du droit que j'avais d'appeler? est-ce un forfait que d'avoir
tenu à la paroisse que je ne pouvais abandonner ni moralement
ni physiquement? d'être resté dix ans sous une suspense que
je ne pouvais délier? d'avoir énergiquement soutenu mon
appel canonique? et vous voulez que je condamne tout cela,
que je désavoue tout cela, c'est donc le mensonge et la honte
que vous exigez; c'est plus encore : c'est le suicide de mon
honneur et de ma vie. Est-ce tout, et ne faudra-t-il pas faire
encore autre chose?

L'ÉVÊQUE. — Que vous demandiez pardon,

LE PRÊTRE. — A qui, s'il vous plaît, et de quoi? du crime
sans doute que nous avons commis, en manquant de soumission à notre évêque! mais l'honneur du clergé et mes plus
précieux intérêts, demandaient de moi, en cette circonstance
du moins, une résistance passible. Or, suis-je tenu à l'impossible?

Et puis, à qui dois-je demander pardon, à Dieu? oh! oui,
toujours et en toute rencontre, je demanderai pardon à Dieu,
même de mes fautes d'ignorance.

Dieu dit dans l'Ecriture : *A moi la vengeance, et c'est moi qui
l'exercerai.* C'est, fondé sur ce principe, que David, adultère et
meurtrier d'Urie, disait à Dieu : *J'ai péché contre vous seul ó
mon Dieu!* — Encore qu'est-ce que l'adultère et le meurtre à côté
d'une insoumission à un évêque? — Laissez, laissez-là votre Dieu

qui n'a rien à faire dans cette terrible affaire, me dites-vous,
mais tournez-vous vers votre évêque que vous avez offensé;
c'est à lui que vous devez demander pardon, à lui que vous
devez les satisfactions que j'exige, comme son fondé de pouvoirs et son successeur? »

« Exécutez-vous donc et demandez pardon. » Oh! c'est ce que
je ne ferai jamais, à moins que je ne me rende vraiment coupable de quelque crime à l'égard de votre prédécesseur ou de
vous. Et puis?

L'ÉVÊQUE. — Et vous vous soumettiez sans réserve,

LE PRÊTRE. — A quoi, Monseigneur, c'est ce que vous ne
dites pas. Il est à présumer cependant que l'insoumission à un
évêque étant le crime le plus épouvantable, le crime irrémissible, mon insoumission n'a pas encore été expiée, ni assez punie
par la privation d'une paroisse, par la flétrissure d'un jugement ignominieux, par la défense d'exercer mes fonctions de
prêtre, par la dégradation la plus complète, par la suppression
de tout secours spirituel et corporel, par la privation des suffrages de l'Eglise, par dix ans d'opprobres et d'ignominies, etc.,
cela est clair comme le jour. Il faudra donc de nouvelles
satisfactions, je ne dis pas pour effacer, mais pour punir les
noirs forfaits que j'ai commis par une insoumission à mon
évêque. Or, je vous le demande, Monseigneur, la faiblesse
humaine n'est-elle pas épouvantée, désespérée même à la vue
de la perspective affreuse que vous découvrez à ses yeux?
Puis-je donc prendre sur moi de me soumettre aveuglément et
sans réserve à tout le ressentiment que dix ans d'obstination
n'ont fait qu'amonceler comme les eaux d'une mer rouge, et
puis-je attendre autre chose sinon de voir tous les flots excités,
c'est-à-dire toutes les tribulations les plus inouies, retomber sur
moi pour m'écraser? dès lors, puis-je prudemment me soumettre sans réserve et faire des promesses que l'Evêché me for-
cerait à violer le lendemain?

« Et vous vous soumettiez sans réserve! » Oh! oh! comme
vous y allez, Monseigneur? je connais trop bien les dispositions
bienveillantes de votre prédécesseur et les vôtres, pour ne pas

me jeter étourdiment sous les coups de ces hommes qui lâchent si facilement les rênes au plus implacable ressentiment.

L'ÉVÊQUE. — Cet acte, l'Evêché l'attend encore.

LE PRÊTRE. — Ajoutez, Monseigneur, que l'Evêché l'attendra toujours : *ergo* longtemps encore. Je dis plus, Monseigneur, je crois et j'espère fermement que votre prédécesseur n'obtiendra jamais l'acte humiliant, ni l'amende honorable avilissante qu'il a l'audace d'exiger, et qu'il mourra avec la douleur de n'avoir pû obtenir ce savon qu'il réclame pour laver toutes les taches de son administration. C'est cruel, j'en conviens, mais c'est ainsi. Votre prédécesseur peut donc mourir quand il voudra ; demain, si cela peut lui plaire ; dans dix ou vingt ans, à sa volonté ; mais ni demain, ni dans dix ou vingt ans, il ne parviendra jamais à m'extorquer le désaveu de mes actes, et il aura le regret de n'avoir pû vaincre ni par ses feintes promesses, ni par ses menaces mon indomptable fermeté et mon invincible résistance, cimentées par des exigences aussi absurdes que criminelles. Est-ce que cette résolution vous étonne, Monseigneur ? « Sachez, vous dirai-je avec saint Cyprien, que la bonne volonté qui s'appuie sur Dieu est immuable. Dites donc, ajouterai-je avec ce saint docteur, dites à toute la postérité ce que je dis ; qu'elle sache qu'un homme dévoué à ses devoirs, fût-il au milieu des glaives et des bêtes féroces, peut mourir, mais ne saurait être vaincu. »

Demandez-moi donc tous les services qu'il plaira à Votre Grandeur de m'imposer. Envoyez-moi, si vous voulez, au milieu des pestiférés, des sauvages, mais ne me demandez ni mensonge, ni lâcheté, parce que vous n'obtiendriez de moi ni l'un ni l'autre. Faites donc pleuvoir sur moi le sarcasme et la calomnie, écrasez-moi sous le poids de vos menaces, vous ne me persuaderez jamais de nier, moins encore de désavouer un passé qui, quoique vous disiez, ne fut pas sans quelque utilité pour les fidèles et l'Eglise, ni sans quelque gloire.

Que ceux qui ont des torts à se faire pardonner chantent la palinodie, à la bonne heure ! pour moi qui ne crois pas avoir

jamais manqué au véritable respect que je dois à mes supérieurs, mais usé seulement d'un droit que l'Eglise me donne, je
soutiendrai mon rôle jusqu'à mon dernier soupir. Toujours je
protesterai avec la persévérance d'un martyr, contre la manière
tyrannique dont vous agissez envers moi, et, en mourant, je
vous léguerai le cruel remords d'avoir persécuté gratuitement un
pauvre prêtre que vous avez reconnu innocent et que vous avez
secrètement approuvé, de l'avoir déshonoré, autant qu'il était
en vous, de l'avoir précipité dans les angoisses de la misère et
de l'avoir tué, vous dirai-je avec saint Jean. Le Saint-Esprit l'a
dit : *ceux qui se réjouissent de la chûte du juste tomberont dans
le piége et périront, mais la douleur et le remords les consumeront
avant leur mort ; ne permettez pas que celui qui se plaint de vous
vous maudisse derrière, car la prière de celui qui vous maudit
dans l'amertume de son âme, sera exaucée : le Dieu qui l'a fait
l'écoutera.*

Déjà, Monseigneur, le ciel commence contre vous sa redoutable justice. Vous vous êtes souvenu de ce que dit saint Paul
aux Romains :

*La colère de Dieu fondra du ciel, sur ceux qui retiennent la
vérité de Dieu dans l'injustice ; sur ceux qui, ayant connu la justice de Dieu, n'ont pas compris que ceux qui agissent ainsi méritent la mort, ainsi que ceux qui coopèrent à leurs œuvres,* et
vous avez eu peur, et vous avez pris vos mesures. Sachez Monseigneur, que l'abbé Reynoard sait dire, même à ses supérieurs, la
vérité tout entière et soutenir, par tous les moyens possibles
et permis, ses droits méconnus. Il saura même supporter sans
lâcheté, sans colère, sans vengeance même, l'injure gratuite
que vous lui faites encore ; il pourra abandonner à Dieu le soin
de sa cause et attendre de lui la justice que les hommes lui
refusent.

Je n'ai donc, et je ne puis avoir aucun regret de mon passé.
Si je pouvais avoir un regret, Monseigneur, ce serait celui
d'avoir pû croire un moment que je trouverais encore une
ombre de justice et de charité dans le palais d'un évêque. Sous
ce rapport je l'avoue, je me suis trompé ! Ah ! si j'avais pû prévoir ce qui m'arrive, je n'aurais jamais pris le chemin de
Rome, je n'aurais jamais dressé mon appel canonique, je n'aurais pas dépensé, en frais inutiles, jusqu'au dernier sou de ma
bourse. Longtemps avant l'arrivée de votre prédécesseur, je me
serais soustrait, je le pouvais, aux fatigues du saint ministère,

7

je n'aurais pas tourné le dos à la fortune quand elle venait à moi et que je pouvais accepter ses dons sans forfaire à l'honneur, et jamais je n'aurais supporté les rudes épreuves que votre prédécesseur me préparait. Plus tard, je pouvais abandonner le service des paroisses d'une manière honorable, et je ne l'ai pas fait ; plus tard enfin, je pouvais écouter la voix de l'amitié, de l'intérêt et, depuis longtemps, votre prédécesseur aurait vu retomber sur lui toute la boue dont il voulait me couvrir, et, à force de regrets, peut-être serait-il devenu plus traitable et forcé de se dire comme le juge de l'Evangile : *Je ne crains ni Dieu, ni les hommes ; cependant comme ce prêtre pourrait me susciter de sérieux embarras, je vais lui rendre justice.* Et, si votre prédécesseur avait été inflexible, j'aurais du moins tourné les rieurs de mon côté, et obtenu, par la force, ce que je ne voulais obtenir, comme prêtre, que par la voie de la modération et de la justice. Voilà Monseigneur, le seul regret que je puis avoir, n'en attendez pas d'autre.

SIXIÈME ENTRETIEN

L'ÉVÊQUE. — Vous m'avez écrit, il est vrai ; mais dans cette lettre qui implore mon obligeance,

LE PRÊTRE. — « Qui implore mon obligeance, » le mot, certes, n'est pas exact, Monseigneur, il est même faux ; de plus il a l'inconvénient de paraître un peu dur à mes oreilles. En effet, Monseigneur, quand j'ai eu l'honneur d'écrire à Votre Grandeur, j'ai tout fait, tout tenté, pour exprimer à mon nouvel évêque le respect et la vénération que je devais à Votre Grandeur ; cependant je puis vous assurer que lorsque je me suis permis d'écrire à mon nouvel évêque, je n'ai pas arrosé mon papier de mes pleurs, aucune larme n'est tombée de mes yeux

et je ne me suis pas mis à terre à deux genoux. Non, Monseigneur, j'ai cru faire assez de vous marquer la joie que me cau-
sait votre venue, de vous dire en deux mots ma position et
l'espoir que j'avais, que votre prudence et la longue expérience
que vous aviez des affaires, vous feraient trouver un moyen
convenable pour remédier à une grande misère ; me serais-je
trompé dans mes prévisions ? Quoiqu'il en soit, je vous ai
écrit, Monseigneur, et cet acte de ma part, serait-il une témérité, une impertinence ? De bonne foi, à qui devais-je écrire ?
est-ce au roi de Prusse ou au Grand Turc ? est-ce même à l'évêque de Siam ou de Pékin ? Non, Monseigneur, j'ai suivi la voie
hiérarchique, et je me suis adressé naturellement à vous, qui
êtes devenu mon évêque, et, comme on dit, mon ordinaire.

L'ÉVÊQUE. — Me demande un celebret et m'annonce que
vous êtes à ma disposition.

LE PRÊTRE. — C'est, si je ne me trompe, tout ce que je pouvais et devais faire dans ma position vis-à-vis d'un évêque que
la Providence venait de donner au diocèse. Or, je ne savais pas
que cette démarche pût devenir compromettante pour moi.

L'ÉVÊQUE. — Pas une phrase, pas un mot qui exprime
le regret de votre conduite ;

LE PRÊTRE. — Pas si bête, Monseigneur, d'exprimer le regret
de ma conduite, ni de m'avouer coupable, ni de confesser que
votre prédécesseur avait suivi, par rapport à moi, les lois de la
justice et de l'équité, si dans la réalité, il a fait pleuvoir sur
moi tous les flots de sa colère contre tout droit et toute justice.
Je le dis donc, pour la centième et dernière fois : pour écrire
à quelqu'un des lettres de regret et de repentir, il faut, au
préalable, se reconnaître coupable, il faut avoir la conscience
d'avoir commis quelque crime, ou du moins quelque faute ;
mais je ne me reconnais coupable d'aucun crime, ni même

d'aucune faute ; voilà pourquoi je n'ai pas dû mettre dans ma
lettre « ni aucune phrase, ni même un mot qui exprime le
regret de ma conduite. »

D'ailleurs, Monseigneur, comment voulez-vous que je puisse
adresser une lettre, qui exprime le regret de ma conduite, à un
évêque que je n'avais jamais vu et que je ne connaissais ni
d'Adam ni d'Eve ?

L'ÉVÊQUE. — Vous persistez donc à vous croire innocent ?

LE PRÊTRE. — Eh ! oui, Monseigneur, du moins vis-à-vis de
vous, et qui plus est, vis-à-vis de votre prédécesseur.

L'ÉVÊQUE. — Le seul coupable, c'est donc votre évêque ?

LE PRÊTRE. — Oh ! Monseigneur, je ne pouvais pas dire et je
ne crois pas avoir dit jamais une pareille bêtise. Non, Monseigneur, votre prédécesseur n'est pas seul coupable par la raison
toute simple qu'il a eu des complices ; de sorte que je puis lui
dire en toute vérité : *ceux qui m'ont livré à vous sont plus coupables que vous.* Je crois même que votre prédécesseur a ignoré
bien des péripéties de mon affaire. J'ajouterai que votre prédécesseur a été étroitement circonvenu, et affreusement trompé
par des faussaires et des intriguants, qui n'étaient pas dignes
de la confiance d'un évêque. Je crois encore que votre prédécesseur a cédé sciemment et lâchement à l'intimidation et a
honteusement sacrifié un prêtre de Jésus-Christ, pour conserver
ou mériter la faveur de monsieur ou de madame, ou de je ne
sais quels hommes pervers ennemis de tout bien. Quoiqu'il en
soit, il a admis et concentré tous les documents qui déposaient
contre moi, reçu toutes les calomnies dont mes ennemis ont
daigné me charger, lu toutes les pétitions adressées à l'Evêché
pour demander ma déchéance. Si donc votre prédécesseur a
tout reçu, tout lu, tout approuvé, sans contrôle, sans distinction,

sans réflexion ; s'il a approuvé toutes les mesures les plus arbitraires, autorisé, commandé toutes les rigueurs les plus oppressives exercées contre moi, à qui voulez-vous que je m'en prenne? Votre prédécesseur « ne répond-il pas, vous dirai-je avec saint Bernard, de tous les actes de ceux qu'il a admis à sa confiance, ou choisis pour ses conseillers ? » En bonne logique je m'en prends à celui qui a tout légalisé, tout sanctionné par sa signature ; à celui, par conséquent, qui a signé ma déchéance de curé, signé le jugement infamant rédigé contre moi, les faux qui ont été envoyés à Rome ou ailleurs pour sa défense, et qui a mis, par sa signature, le sceau à ma honte. S'il en est ainsi, dites-moi, Monseigneur, votre prédécesseur n'est pas seul coupable, j'en conviens ; mais n'est-il pas le plus grand et le premier coupable, et ne devient-il pas responsable, devant Dieu et devant les hommes, de tout le mal qui s'est fait sous son nom?

Votre prédécesseur peut-il même invoquer, en sa faveur, des circonstances atténuantes? je ne le crois pas. Car enfin votre prédécesseur ne pouvait-il pas me citer à sa barre et me demander d'où venait l'obstination? quelles raisons j'avais pour justifier ma conduite? Si votre prédécesseur avait agi de la sorte, j'aurais pu fournir les raisons de ma conduite, les preuves de mon innocence et me laver des griefs qu'on m'imputait faussement. Or, Monseigneur, votre prédécesseur a-t-il fait cette démarche? jamais ! et alors ne pourrait-on pas dire de lui ce que le Seigneur disait de son peuple : *Ce peuple n'a pas voulu entendre, de peur d'être obligé de bien faire.* Votre prédécesseur a donc fait le mal sciemment et volontairement, par une ignorance crasse et affectée ; et vous, Monseigneur, vous vous étonnez si j'ai pû donner à entendre que votre prédécesseur est coupable? Je crois, ma foi, qu'on peut l'être à moins, et je pourrais dire à votre prédécesseur ce que saint Cyprien disait à un évêque de son temps : « Vous avez failli ! » Oui, vous avez failli, mais c'est à cause de votre irréligieuse incrédulité ; vous avez failli, mais par un esprit et une volonté sacriléges, puisque vous avez prêté l'oreille à des paroles dures, impies et horribles contre un de vos prêtres ; vous avez failli, parce que vous avez cru volontiers les mensonges des autres, et vous les avez défendus comme vôtres, oubliant qu'il est écrit dans l'Ecclésiaste : *Environnez vos oreilles d'épines et ne prêtez pas l'oreille aux langues iniques : le méchant écoute la langue inique ; le juste, au contraire, ne prête pas l'oreille aux langues menteuses.*

Philippe, roi de Macédoine, se bouchait une oreille, quand on venait lui médire de quelqu'un, et, comme on lui demandait un jour la raison de cette conduite, il répondit : « Je réserve l'autre oreille à l'accusé. » Votre prédécesseur, au contraire, ne veut jamais ni me voir, ni m'entendre. Il prête les deux oreilles à tout ce que la malveillance vient lui dire contre moi ; il autorise toutes les vexations qui me tourmentent, il ne veut me laisser aucun moyen de défense. Dès lors, est-il étonnant, je le répète, que je reproche à votre prédécesseur tous les maux qui m'accablent ? n'est-il pas réellement la seule cause de toutes les tribulations dont je gémis, puisque, sans lui, sans sa lâche connivence, rien de fâcheux ne me serait arrivé !

L'ÉVÊQUE. — Je suis en droit de conclure que telle est encore votre conviction.

LE PRÊTRE. — Et oui, vous y êtes, Monseigneur, et je serais bien fâché que vous puissiez croire le contraire. Bien plus, je persisterai dans mes affirmations, jusqu'à ce que vous m'ayez prouvé, pièces en mains, que je me suis trompé dans mes appréciations et que j'ai fait fausse route. Mais prenez garde, Monseigneur, ce n'est pas de vous, juge et partie, juge et accusateur, juge et témoin, juge et mandataire, juge et exécuteur, que je puis recevoir une décision de ce genre. Non, Monseigneur, je ne puis admettre ce jugement que de la part d'un juge impartial et désintéressé, d'un juge sans parti pris d'avance, d'un juge qui daigne enfin consentir à étudier mon affaire ailleurs que dans le dossier de l'Evêché et les confidences de son prédécesseur, d'un juge qui veuille écouter l'accusé, d'un juge qui prononce une sentence basée sur les faits allégués et prouvés, et inffliger une peine proportionnée aux délits imputés. Toute sentence qui n'aurait pas les caractères d'une véritable justice, serait pour moi nulle et non-avenue.

L'EVÊQUE — Puisque votre histoire se résume, d'après vous, en dix années de persécution,

LE PRÊTRE. — Oui, Monseigneur, et je n'ai pas tout dit. J'aurais pû parler encore des dix années qui ont précédé le trop fameux jugement du 10 juillet 1865, et nous remonterions tout naturellement à l'an de grâce 1856, époque néfaste où votre prédécesseur a mis, pour la première fois, le pied dans le diocèse. Désirez-vous, Monseigneur, les preuves de ce que j'ai l'honneur d'avancer ? je puis vous les fournir, année par année, si Votre Grandeur le désire.

L'ÉVÊQUE. — Aussi intense dans sa rigueur,

LE PRÊTRE. — La position qui m'est faite parle assez haut d'elle-même, sans que j'entre dans le détail des vexations que j'ai souffertes. Comment ? votre prédécesseur me chasse ignominieusement, et sans motifs raisonnables, de ma paroisse ; il me dépouille de mes prérogatives de prêtre et de citoyen ; il me charge de tous les crimes dont mes calomniateurs sont seuls coupables ; il me ferme la porte du sanctuaire et il me chasse comme on chassait jadis *le bouc émissaire chargé de tous les péchés du peuple.* Votre prédécesseur épuise la coupe des persécutions les plus variées, et vous trouvez que ce n'est pas assez ? est-ce qu'il pouvait faire autre chose ? non, non, Monseigneur, et je ne crois pas que son ressentiment pût lui fournir une nouvelle torture. Voudriez-vous, par hasard, ajouter aux iniquités de votre prédécesseur ? on le dirait presque, puisque vous reprenez, en sous ordre, son œuvre et que vous recommencez de plus belle, la plus cruelle persécution que l'arbitraire, uni à l'iniquité, puisse engendrer contre un pauvre prêtre sans défense. Vous répandez par tous les moyens possibles le venin de la calomnie, vous me déshonorez publiquement, et vous tentez de m'écraser sous le poids de votre autorité, et *cependant votre fureur n'est pas encore satisfaite ! et le bras de votre colère est toujours étendu sur moi !* Ah ! de grâce, retirez, retirez votre bras qui m'accable, et alors je cesserai de me plaindre de l'intensité de ma persécution !

L'ÉVÊQUE. — Que peu fondée dans sa source.

LE PRÊTRE. — C'est cela, Monseigneur, et c'est bien ce que j'ai voulu dire. Je puis vous assurer aussi, Monseigneur, que tout homme raisonnable et instruit des circonstances de mon affaire, sera forcé d'avouer avec moi. Je ne crains pas de le dire : parmi toutes les causes célèbres que l'histoire contemporaine peut raconter, on n'a jamais vu une persécution plus grande contre un prêtre, pour une cause plus petite et plus futile ; jamais aussi on n'a vu une cause plus belle pour un prêtre, ni plus absurde pour un Evêché, et tout homme qui saura que mes malheurs, pendant plus de douze et vingt ans, viennent d'une insoumission forcée à un évêque et d'un manque d'égard à un grand-vicaire, ne pourra s'empêcher d'être saisi d'épouvante et d'horreur, et de s'écrier avec Boileau :

> Tant de fiel entre-t-il dans l'âme des dévots ?

et surtout d'un évêque.

L'ÉVÊQUE. — Et que dire de cette supplique remise tout récemment par vous au Saint Père ?

LE PRÊTRE. — Vous direz ce que vous voudrez de cette supplique. Je puis vous assurer cependant que cette pièce n'était pas mal tournée, hein ! elle ne pouvait résumer en moins de mots, une bien longue et triste affaire.

L'ÉVÊQUE. — En m'en envoyant une copie, auriez-vous prétendu me donner une preuve de votre repentir ?

LE PRÊTRE. — Qui vous l'a dit, Monseigneur, je ne vous ai jamais dit que je fusse repentant, et je serais bien fâché si je m'étais expliqué de manière à vous faire croire que je suis repentant. Moi me repentir ? mais de quoi, s'il vous plaît ? d'avoir adressé au Saint-Siége un appel canonique ? d'avoir chaudement soutenu mon appel ? de n'avoir rien voulu faire qui parût être un assentiment, même muet, à tout ce qui s'est fait contre moi, quand le droit canon me crie : « Quiconque fait le moindre acte pour paraître accepter une sentence injuste, ne peut plus appeler. » Si je n'ai pas commis d'autre crime, comment puis-je me repentir. « Souvent, disait le cardinal Gabrielis, les plaintes qui arrivent sont notées de points noirs, parce que leur auteur, déchaîné, et pour cause, contre une erreur, se jette dans une erreur contraire, s'échappe en injures, venge par une plume mordante ses passions privées, par des digressions intempestives, ou s'efforce de soutenir une bonne cause par des moyens réprouvés. » Mais dans ma défense trouve-t-on quelque chose de tel? ai-je dit autre chose que ce que disait saint Paul? *Est-il permis de battre de verges un citoyen romain?* de lier de censures un prêtre qui n'a été ni appelé, ni jugé, ni condamné? Je devrais me repentir, il est vrai, si même innocent j'avais apporté, dans ma défense, la passion, la colère et le ressentiment ; mais rien de pareil n'est sorti ni de ma bouche ni de ma plume, et tous ceux qui ont pû me voir et m'entendre sont témoins que, si j'ai senti vivement l'injure qui m'était faite, et le dommage qui m'était causé, jamais aussi je ne me suis laissé aller ni au découragement, ni à la colère, ni à l'exaspération, et que j'ai eu bien plus de compassion que de haine pour votre prédécesseur. Parler de la sorte, Monseigneur, c'est vous dire que, dans les rudes circonstances dans lesquelles je me suis trouvé, j'ai tâché de mettre en pratique ces paroles du psalmiste : *fâchez-vous, mais ne péchez pas, afin de n'avoir pas à gémir avec David, pendant la nuit, de ce que j'avais dit le jour.*

J'ai rappelé des faits humiliants pour un Evêché, et de là que suit-il? « Plût à Dieu que ces faits fussent cachés, dirai-je avec saint Bernard ; plût à Dieu que je fusse le seul à les connaître ! plût à Dieu qu'on ne pût croire à ceux qui en gémissent ; mais maintenant que tout le monde les voit, seul pourrai-je taire ce qui est dans toutes les bouches? la honte ne serait-elle pas plus grande? » S'il y a donc quelque chose de fort dans mes paroles, c'est que les faits que je relève sont horribles, et ne sont que les couleurs locales des objets que je dépeints.

D'ailleurs, tout ce que j'ai dit, a mille fois retenti sous les voûtes du Vatican, et Rome n'a jamais trouvé ces plaintes amères, ni acerbes, parce que Rome n'ignore pas les vexations

horribles qui provoquent ces justes plaintes des prêtres. « Dites
à ces bons prêtres, disait Pie IX, à ces prêtres que j'estime
tant, d'avoir encore un peu de patience, parce que je ne puis
pas faire tout ce que je voudrais. »

L'ÉVÊQUE. — Comment osez-vous tenir un langage
qui vous pose absolument en victime de l'arbitraire ?

LE PRÊTRE. — Franchement, Monseigneur, pouvez-vous dire
le contraire ? quoi ! j'ai été jugé, condamné et puni sans forme
de procès, sans tribunal, sans juge, sans témoins, sans accusateur, sans monition, sans défense, sans cause légitime, et vous
oseriez soutenir qu'une manière de procéder aussi inique est
selon les règles et les lois, et est rigoureusement exacte ? mon
juge est à la fois, témoin, accusateur, juge et exécuteur ; tout
se fait en mon absence, à mon insu, et vous direz qu'un
pareil jugement est régulier et très-conforme aux lois de la justice et de la saine raison ? Y a-t-il au monde quelqu'un qui ose
juger comme votre prédécesseur ? Or, s'il est évident que votre
prédécesseur n'a suivi aucune loi, mais le caprice et la passion,
dans un acte aussi sérieux que le jugement d'un prêtre, n'ai-je
pas cent fois le droit de crier à l'arbitraire et de me plaindre
hautement de l'oubli des lois et, par conséquent, « de me poser
absolument en victime de l'arbitraire ? » Si donc *j'ai dit ce
que j'ai vu et ce que j'ai souffert*, dirai-je avec le poète de
Ligny, qu'avez-vous à me reprocher ? » Saint Ambroise ne
pourrait-il pas dire à votre prédécesseur ce qu'il disait à Gaufridus : « Quoi ! sans avoir assemblé le conseil de vos frères,
prétendez-vous pouvoir porter un jugement, ou avant le jugement, vous aviez préjugé qu'un prêtre, bien vu de Zénon, après
tant d'années, fût exposé à passer pour coupable d'un crime,
sans accusateur, sans témoins. »
« Vous avez écouté des accusateurs, des témoins qui n'osent se
montrer ni prendre la responsabilité de leur accusation. Où
avez-vous trouvé cette dignité d'enquête ? où avez-vous vu cette
forme de jugement ? Si nous consultons les lois écrites, elles
exigent une accusation ; si nous interrogeons l'Eglise, elle nous
dira : *que tout se passe avec deux ou trois témoins ;* mais de

témoins qui, la veille, ou l'avant veille n'ont pas été ennemis, ni irrités contre l'inculpé pour qu'on ne croie pas qu'ils veuillent nuire ou se venger. Voilà les dispositions que l'on doit chercher dans les témoins. Qu'ils se montrent. »

« Je voudrais, disait saint Bernard au pape Eugène, que vous prissiez pour règle de conduite, que tous ceux qui n'osent dire en public ce qu'ils ont dit en secret, fussent suspects, et que, si vous les citez et n'osent se présenter, vous les regardiez comme délateurs. »

L'ÉVÊQUE. — Ne dit rien de vos torts,

LE PRÊTRE. — Dans un mémoire imprimé seulement pour Rome, malheureusement, j'ai fait l'histoire de mon affaire et j'ai dit tout ce que j'avais à dire pour éclairer mes juges. J'ai discuté et mis à néant tout ce que votre prédécesseur pouvait avoir avancé de faux, et ma défense, certes, est trop complète pour que je revienne, en ce moment, sur ce chapitre.

D'ailleurs, Monseigneur, votre prédécesseur et ses tristes adhérents, n'ont-ils pas dit assez de sottises contre moi, et entassé assez de calomnies pour me dispenser de me couvrir moi-même de boue? Me croiriez-vous assez naïf, assez sot pour prendre la défense de mes persécuteurs? Allons donc, vous voulez rire, Monseigneur, ou bien ce que vous venez de dire est une platitude. Quel était mon rôle dans la supplique? celui de me défendre. Or, je ne crois pas être sorti du cercle étroit que ma défense traçait autour de moi. Donc, si je prends des pierres et les lance à ceux qui m'attaquent, je ne fais que leur rendre ce qu'ils m'avaient prêté. Mais si je me suis tenu dans les formes d'une juste défense, que pouvez-vous me reprocher?

L'ÉVÊQUE. — Et qui affirme audacieusement des faussetés.

LE PRÊTRE. — Tout doux! Monseigneur, ne nous fâchons pas, mais discutons. Et d'abord, permettez-moi de vous dire que le mot « audacieusement » est très-mal choisi; et puis je dois ajouter que le mot que vous employez, très-harmonieux et très-pittoresque, comme tous les adverbes en *ent*, a le défaut d'être très-mal venu dans la circonstance où vous l'employez.

En effet, y a-t-il de l'audace à confesser la vérité, même en face du Souverain Pontife? non, Monseigneur; il y a, si vous voulez, du courage et de la sincérité. Le courage est rare dans un siècle de décadence comme le nôtre; les caractères plus rares encore, et personne ne se trouve qui ose dire la vérité, surtout aux supérieurs ecclésiastiques. La vérité blesse les évêques, la louange les séduit; aussi ils ne disent pas comme un certain saint : « Ne me faites jamais roi, ni potentat, car je perdrais la tête et le ciel. Il n'y a rien qui énivre comme l'encens mal administré et un peu empoisonné. »

NN. SS. les évêques, eux, diraient volontiers à ceux qui les abordent, ce que les juifs disaient aux prophètes : *Dites-nous des choses agréables!* Jugez si les flatteurs et les ambitieux refusent à leurs supérieurs un mets si agréable? Aussi nos supérieurs, infatués et pleins de l'encens de la flatterie, prennent facilement le change et regardent comme un excès d'audace ce qui n'est que l'expression d'un devoir accompli.

« Des faussetés! » Moi dire des faussetés? Pas de sophismes et surtout pas des tours de passe-passe : où voyez-vous des faussetés? vous me répondez : « Vous dites, par exemple, j'ai gémi dix ans, sous le poids d'une suspense, pour avoir invinciblement soutenu le droit d'appel au Saint-Siége. » Or, ne remarquez-vous pas, Monseigneur, que les preuves que vous donnez à l'appui de votre accusation déposent contre vous? Si j'ai parlé des misères que j'ai endurées, je n'ai fait que le tableau de mes malheurs, mais je n'ai rien dit que de vrai; donc, où est la fausseté, ou plutôt les faussetés, puisque vous employez le pluriel? Dois-je le dire? pourquoi ne le dirai-je pas, puisque vous le voulez : elles sont dans les paroles que vous ajoutez, paroles que je ne pouvais dire et que je ne dirai jamais.

———

L'ÉVÊQUE. — Est-ce bien pour cela que vous avez été suspens?

LE PRÊTRE. — De bonne foi, Monseigneur, où voyez-vous dans ma supplique au Saint-Père, que j'aie dit que j'avais été suspens pour avoir invinciblement soutenu le droit d'appel au Saint-Siége? J'ai dit, et vous l'avez avoué, que « j'avais gémi dix ans sous une suspense pour avoir invinciblement soutenu le droit d'appel au Saint-Siége »; ce qui n'est pas la même chose. Votre conclusion est donc fausse, et les faussetés ne sont que dans votre raisonnement et la conclusion que vous tirez.

Car enfin, qu'est-ce que l'appel canonique? c'est évidemment le recours d'un juge *à quo* au juge *ad quem*, comme dit le droit canon, par celui qui se croit grevé d'une sentence inique de la part de son évêque, ou par une peine disproportionnée au délit qui lui est imputé. Je vous le demande donc, Monseigneur, pouvais-je me plaindre avant d'avoir été battu, et appeler avant d'avoir été condamné? Depuis le Saint-Concile de Trente, peut-on même appeler d'une sentence interlocutoire? non, mais d'un jugement rendu. Comment, dès lors, pouvais-je interjeter appel d'une sentence qui n'existait pas encore? La suspense a donc été antérieure à mon appel; mais, Monseigneur, dès que cette suspense a été fulminée, j'ai eu le droit d'appeler au Saint-Siége, et j'ai usé de ce droit. Je n'ai pas reçu le Saint-Esprit avec la plénitude de ses dons dans une consécration épiscopale, je le sais; cependant je puis dire que j'ai reçu, par le baptême et par la confirmation, une dose assez forte d'intelligence pour ne pas dire au Saint-Père une balourdise qui eût fait rire à mes dépens les pierres, si elles avaient pû m'entendre. Je suis donc dans le vrai quand j'ai dit que j'avais gémi dix ans sous une suspense, pour avoir invinciblement soutenu le droit d'appel au Saint-Siége, et c'est vous qui êtes dans le faux, quand vous assurez que j'ai dit au Saint-Père que j'ai été suspens pour avoir soutenu le droit d'appel au Saint-Siége. Ne m'attribuez donc pas une chose qui ne m'appartient pas. A vous le fruit de votre préoccupation, à vous les faussetés; à moi la vérité et le droit. Les fruits de votre pensée doivent nécessairement vous revenir.

L'ÉVÊQUE. — Vous a-t-on refusé le droit d'appel?

LE PRÊTRE. — Qui vous l'a dit? Mais si vous ne niez pas le droit d'appel au Saint-Siége en droit, ne le déniez-vous pas en fait et dans la pratique? ne traitez-vous pas en criminel d'Etat et de lèse-majesté épiscopale, tout prêtre qui ose user du droit d'appel? Ah! si vous pouviez nier, en droit, l'appel au Saint-Siége, comme ce serait vite fait! mais non, vous ne pouvez pas et vous n'osez pas nier le droit d'appel au Saint-Siége, et tous vos efforts ne pourront jamais l'empêcher, parce que Rome est toujours accessible à un appel canonique, et que les chemins de Rome sont assez larges pour laisser passer un appel, et assez libres pour tromper la vigilance de la douane épiscopale.

L'ÉVÊQUE. — Ou bien l'usage que vous en avez fait était-il suspensif de l'autorité épiscopale?

LE PRÊTRE. — Avant de répondre à votre question, il est nécessaire, Monseigneur, que j'entre dans quelques explications.

Avant le Concile de Trente, l'appel canonique bridait la puissance épiscopale, et le prêtre suspens pouvait continuer librement l'exercice des fonctions de son ordre, en attendant le jugement qui serait prononcé sur son appel. Cet état de choses contrariait vivement NN. SS. les évêques et donnait lieu, il faut en convenir, à des abus quelquefois intolérables; aussi NN. SS. les évêques trouvèrent que cet état ne pouvait durer plus longtemps. Comment pouvoir tolérer qu'un prêtre pût éviter une peine préventive? comment pouvoir souffrir qu'un évêque pût trouver des bornes à son pouvoir, quels que soient les excès de son autorité? D'ailleurs, Rome, en bonne et tendre mère, penchait le plus souvent vers la douceur; il fallait donc mettre un frein à cette faiblesse de Rome, remédier à la défaillance d'une mère trop compatissante et prévenir tous les abus. Le Concile de Trente décida donc que la suspense comme l'interdit obtiendraient leurs désastreux effets dès qu'ils seraient fulminés. Nous sommes tombés de Charybde en Scylla, d'un excès dans un autre, comme toujours; des excès de la charité, dans les excès de l'arbitraire; de sorte qu'on pourrait bien dire aujourd'hui de Rome et des évêques, ce qu'un grand pape disait autrefois de Bossuet et de Fénélon : « L'un a péché par un excès de charité envers Dieu, et l'autre a péché par un défaut de charité envers le prochain! »

A l'époque du Concile de Trente, et dans les siècles après; les interdits et les suspenses surtout furent rares. Depuis 1801, grâce aux évêques intrus et constitutionnels, les suspenses devinrent plus fréquentes ; mais depuis 1830, grâce à un pouvoir usurpateur, les suspenses sont devenues nombreuses comme les flocons de neige en hiver.

La suspense et l'interdit avaient des limites, des règles et tombaient exceptionnellement sur un flagrant délit, dans des cas extraordinaires. Dans tous les autres cas, les officialités, ou quelque chose qui en tenait lieu, suivaient les formes prescrites par les saints canons, pour le jugement des clercs. Maintenant l'exception est devenue la règle, et la règle une exception tyrannique dans la pratique. Aussi on ne voit plus que sentences *ex informatà consudentià :* l'évêque lance une suspense contre un prêtre et tout est dit.

Oui, une diffamation contre le prêtre, une calomnie, souvent sous l'anonyme, arrivent à l'Evêché, Monseigneur n'a pas dormi tout son somme ou n'a pas bien fait la digestion du souper de la veille, il se lève bourru et de mauvaise humeur ; ou bien le grand-vicaire a soufflé quelques mots à l'oreille de son évêque, aussitôt la puissance épiscopale s'enfle comme le nuage précurseur de la tempête ; l'orage se forme vite, le tonnerre gronde ; enfin la foudre éclate et vient noircir et tuer la réputation d'un prêtre irréprochable, et lui enlever sa vie sacerdotale ; et ce prêtre est forcé, de par une suspense, de se soumettre sans mot dire, à une sentence imprudente, précipitée, injuste, jusqu'à ce que le jugement qui sera prononcé en appel soit rendu, ce qui n'arrive ordinairement qu'aux calendes grecques, ou à peu près. Je ne dirai pas l'abus énorme que NN. SS. les évêques ont fait, surtout depuis 1830, de l'arme terrible et meurtrière de la suspense que le Concile de Trente avait mise entre leurs mains ; mais je leur demanderai, avec le saint et glorieux Pie IX, « comment ils entendent le décret du Concile de Trente *cum honestius.* » On dirait vraiment que NN. SS. les évêques, en France, n'ont jamais lu ce décret, ou, s'ils l'ont lu, on croirait qu'ils l'entendent à rebours et comme le ferait un pauvre élève de sixième.

Cela posé, permettez, Monseigneur, que je vous le demande : qu'entendez-vous par ces paroles : « Ou l'usage que vous en avez fait, était-il suspensif de l'autorité épiscopale ? »

Du moment que la suspense a été fulminée contre moi, par

le jugement *ex informatà consudentià* du 10 juillet 1865, me
suis-je permis la moindre fonction de mon ordre ? Votre prédécesseur n'a pas craint de m'accuser d'avoir violé ses censures
et, partant, d'avoir encouru l'irrégularité. Or, cette accusation
n'est-elle pas un mensonge ? Certes, je pouvais passer outre et
célébrer licitement, puisque la censure était nulle, et votre
prédécesseur n'aurait pas pû m'accuser, dans ce cas, d'avoir
violé ses censures. Je n'ai pas usé cependant d'un droit que les
lois de l'Eglise me donnaient, et je suis accusé d'avoir encouru
l'irrégularité ? Votre prédécesseur a plus fait : il a consigné
cette absurde et fausse accusation dans son jugement du
10 juillet 1865. Or, Monseigneur, serais-je indiscret si je
demandais a Votre Grandeur, si un évêque est tenu, oui ou
non, de savoir ce qu'il fait, s'il peut ignorer ce que c'est qu'une
suspense, un interdit, une irrégularité et dans quel cas l'on
encourt l'un ou l'autre ? Certes, ce n'est pas trop exiger d'un
évêque qui doit savoir la loi, s'il veut la prêcher et la faire
observer.

Si votre prédécesseur a su ce qu'il faisait, oh ! alors, nous
pouvons dire qu'il a sciemment et volontairement calomnié un
prêtre, et qu'il s'est jeté dans le précipice qu'il tendait à
notre inexpérience.

L'autorité épiscopale reste donc forte et terrible après une
suspense ou un interdit juste ou injuste, et Dieu m'a donné
assez d'intelligence, et même assez de résignation, pour me
soumettre à la flétrissure ignominieuse qui m'était infligée. Je
me suis donc abstenu dès ce moment, de toute fonction de
mon ordre, quoique puisse dire l'astucieux et vindicatif vieillard. Mais, je dois le dire aussi, dès ce moment, je me suis
étudié à ne faire aucun acte, à ne dire aucune parole qui pût
paraître un assentiment, même muet, à tout ce qui s'était fait
d'irrégulier contre moi. J'ai pris pour devise, dès le début de
mon affaire, ce texte du droit canon : « Quiconque fait une
chose, qui approuve la sentence prononcée, ne peut plus
appeler. »

En agissant de la sorte, quel abus ai-je fait de mon appel, et
comment cet appel pouvait-il être suspensif de l'autorité épiscopale ? Le rancuneux vieillard, du moment que mon appel
canonique était signifié au juge *à quo* et au juge *ad quem*, ne
pouvait plus aggraver la peine qu'il m'avait infligée, ni changer l'état de la question, ni le dénaturer, ni l'arrêter. Oui, sous

ce rapport, mon appel était suspensif de l'autorité épiscopale, et votre prédécesseur ne pouvait plus sortir des bornes étroites que les lois de l'Eglise avaient mises autour de lui.

Cependant votre prédécesseur a-t-il respecté les limites que la loi, la justice et le bon sens mettaient à son pouvoir ? n'a-t-il pas franchi, au contraire, tous les obstacles ? n'a-t-il pas lâché les rênes à toute la violence de son caractère emporté ? peut-il se plaindre que j'aie mis des barrières à ses excès ? l'aurais-je pû ? ou bien, aurait-il le regret de n'avoir pas assez déployé de rigueurs dans ces lamentables circonstances ? on le dirait presque, à la manière dont parle Votre Grandeur. Oh ! si cela est, dites, Monseigneur, dites à votre prédécesseur de reprendre sa morgue, de redoubler ses coups et de répandre jusqu'à la lie le venin dont son cœur est pétri, et alors, peut-être, il ne viendra plus me répéter avec vous : « Votre appel canonique était-il suspensif de l'autorité épiscopale ? » Le malheureux ! il ne s'est pas borné à me couvrir de boue et à frapper mortellement sa victime ; il voudrait la bâillonner encore, et ajouter à tant d'horreurs passées, celles que les plus cruels persécuteurs ne se permirent pas toujours contre ceux qui tombaient sous leurs coups. Et, après des excès aussi inouis, vous venez me dire : « Votre appel était-il suspensif de l'autorité épiscopale ? » Comment, et en quoi mon appel canonique a-t-il été suspensif de l'autorité épiscopale ? répondez à ma question ; mais, au lieu de me répondre, vous vous accrochez à ma lettre au Pape, vous m'opposez vos propres paroles à S. S. Pie IX, et vous dites ?... voyons, quoi ?

———

L'ÉVÊQUE. — La Sacrée-Congrégation a reconnu la justice de vos plaintes,

LE PRÊTRE. — Oui, Monseigneur, quand j'ai dit que la Sacrée-Congrégation avait reconnu la justice de mes plaintes, j'ai affirmé un fait ; je maintiens donc mon affirmation et je la prouve, par la conduite seule que la Sacrée-Congrégation a tenue à mon égard. Et d'abord, la Sacrée-Congrégation a-t-elle reçu mon appel ? Oui, sans doute. A-t-elle examiné la justice de mon appel ? Oui, encore. Je vais plus loin : a-t-elle prononcé

8

sur mon appel? jamais. Or, croyez-vous, Monseigneur, que la Sacrée-Congrégation n'aurait pas rejeté mon appel s'il avait été illégitime, ou ne l'aurait pas condamné si elle avait pû le faire? Donc, si la Sacrée-Congrégation ne m'a pas condamné, c'est qu'elle ne pouvait pas le faire; j'ai donc eu cent fois raison de dire que la Sacrée-Congrégation avait reconnu la justice de mes plaintes et de mon appel. Voulez-vous d'autres preuves?

Dites-moi, Monseigneur, quand votre prédécesseur écrivait d'un ton bourru: « Je ne dois rien, c'est par goût et par entêtement que l'appelant est resté dix ans sous les censures », à qui répondait-il, s'il vous plaît? évidemment à ceux qui lui avaient écrit, c'est-à-dire à la Sacrée-Congrégation. Ce n'est pas tout: si votre prédécesseur a répondu d'une manière aussi brusque, c'est évidemment qu'il avait reçu quelque chose qui avait excité sa bile, et comme votre prédécesseur a écrit à la Sacrée-Congrégation, j'ai le droit de conclure rigoureusement que la Sacrée-Congrégation avait écrit des choses peu agréables, et, si la lettre de la Sacrée-Congrégation et la réponse de votre prédécesseur n'avaient pas eu trait à mon affaire, jamais la Sacrée-Congrégation ne m'eût fait part de la réponse de votre prédécesseur. Voulez-vous savoir, Monseigneur, ce que j'ai répondu à la communication qui m'était faite? je vais vous le dire; elle pourra faire un moment diversion au sujet sérieux qui nous occupe:

La réponse de votre prédécesseur était une nouvelle accusation contre moi, mais si sotte et si inepte, que j'ai répondu: « ma foi, chacun a son goût en ce monde »; aussi ne doit-on pas discuter sur les goûts, dit un proverbe. Mais avouez, Messieurs, que mon goût n'est pas tout-à-fait à dédaigner, puisqu'il a été celui des apôtres *qui sortaient heureux de l'assemblée des juifs, parce qu'ils avaient été jugés dignes de souffrir pour la gloire du nom de Jésus-Christ*. Jésus-Christ lui-même n'avait pas d'autres goûts, lui *qui a voulu porter sa croix avec joie et par prédilection*. Or, je ne sache pas que vous puissiez raisonnablement taxer de mauvais goût ni les apôtres, ni Jésus-Christ lui-même. Je remercie donc bien sincèrement votre prédécesseur de m'avoir mis en si bonne compagnie et de m'avoir fait, à son insu, un compliment que je méritais si peu.

« Souvent, dit saint Augustin, la divine Providence permet que des hommes de bien soient chassés de l'assemblée des fidèles, par les séditions d'hommes charnels. Comme ces hommes supportent cette injure avec patience, pour ne pas donner lieu à des schismes et pour la paix de l'Église, et supportent jusqu'à la mort cette position, le Père Céleste récompense dans le secret, ce qu'il voit dans le secret des cœurs. Cela se voit rarement, il y a cependant des exemples ; on en voit même plus qu'on ne pense ; la Providence se sert ainsi de toutes espèces d'hommes, et de tous genres d'exemples, pour instruire les hommes et les porter à la pratique du bien.

« Voyant donc Boniface tout disposé à sacrifier son honneur devant les hommes plutôt que de causer un scandale, je n'ai pas osé cependant séparer un prêtre du nombre de ses confrères, de peur de faire injure au pouvoir supérieur auquel la cause avait été déférée, et de préjuger le jugement qui serait porté, ce que les tribunaux laïques ne font jamais : non, ils ne jugent pas une cause pendante et déférée à un pouvoir supérieur.

« Boniface cependant a supporté le tort qui lui est causé de telle manière, qu'il n'a pas même reçu des lettres pour conserver son honneur, dans ses voyages ; dans les lieux où l'accusateur et l'accusé étaient inconnus, ils auraient conservé l'un et l'autre leurs droits. Maintenant, si cela vous plaît de taire son nom, pour ne pas scandaliser les faibles, ce fait ne sera pas imputable à moi, mais à ceux qui en seront la cause. Car enfin, que manque-t-il à un homme qui n'a pas été rayé du livre de vie, par une conscience perverse, pour que l'ignorance humaine ne permette pas que son nom soit récité. »

Saint Augustin ne pourrait pas vous tenir le langage qu'il tenait à ses prêtres et je n'ai pas imité moi-même la conduite de Boniface ; jamais, en effet, je n'ai eu, dans l'affaire qui nous occupe, le goût singulier que votre prédécesseur me prête si gratuitement. La preuve, Monseigneur, c'est que jamais je n'ai cessé de me plaindre, ni de protester contre la conduite de votre prédécesseur, ni de réclamer les dommages-intérêts qui me sont dûs à tant de titres. Dites-moi donc, Monseigneur : si la Sacrée-Congrégation du Concile n'avait pas reconnu la justice de mes plaintes, aurait-elle transmis mes réclamations à votre prédécesseur ? m'aurait-elle dit : « Où voulez-vous que votre évêque prenne la somme que vous lui réclamez ? » Aurais-je répondu à une demande si biscornue : « Ce n'est pas au créancier à indiquer au débiteur la mine où il doit puiser ce qui lui est nécessaire pour payer ce qu'il doit ; mais c'est au débiteur à faire ses diligences. » Il y a une chose qui est certaine, c'est que dès qu'une personne, quelle qu'elle soit, a causé un dommage, elle contracte, par là même, l'étroite obligation de réparer, en bonne justice, le tort qu'elle a causé.

Mˢʳ le Secrétaire de la Sacrée-Congrégation a ajouté : « Les églises, en France, sont trop pauvres pour qu'on puisse prélever sur leurs maigres traitements, de quoi sustenter le prêtre qui fait l'*interim* et le prêtre évincé de sa paroisse. » — C'est très-vrai ; mais le législateur qui paie du trésor public, ces maigres traitements, était convaincu que ces traitements étaient insuffisants pour faire vivre convenablement deux prêtres, voilà pourquoi il avait fait décréter un casuel et le 1/6ᵐᵉ sur les chaises ; toutefois, c'est le législateur lui-même qui, par deux décrets, un du 19 novembre 1811 et un du 19 novembre 1813, faisait, sur les mêmes traitements alloués, la part du curé chargé de l'*interim* de la paroisse et la part du curé éloigné de sa cure pour cause de maladie, de suspense, d'interdiction ou de sentence en police correctionnelle. Vous voyez donc, Monseigneur le Secrétaire, que si je n'ai pas droit au traitement intégral, j'ai, du moins, un droit strict et réel à la moitié du traitement alloué à un desservant. Or, c'est cette portion du traitement que je réclame en ce moment, vu que, depuis dix ans, je n'ai rien touché des fonds qui me sont assurés et par la loi ecclésiastique et par la loi civile.

On me disait encore, sans doute pour faciliter un accommodement ou pour ménager la susceptibilité de votre prédécesseur : « Renoncez à tout dommage-intérêt. » — Par écrit ? — « Eh ! oui. » — Si mon évêque ne me doit rien, qu'a-t-il besoin d'une déclaration de ma part, et, s'il exige cet acte, il se reconnaît mon débiteur, et vous reconnaissez vous-même la justice de ma demande, vous affirmez mes droits et je vous déclare que je ne puis renoncer, en aucune manière, à un droit qui est absolument nécessaire pour éteindre les dettes sacrées que l'Evêché m'a fait contracter par sa faute. Je ne puis, ni ne veux mourir insolvable, ni laisser cette tache à mon nom, ni cette flétrissure au clergé de mon diocèse. — « On vous accordera des secours suffisants pour éteindre vos dettes. » — Qu'on me donne ce que je demande, et puis qu'on donne à cette restitution tel nom que l'on voudra, peu m'importe le nom, pourvu que la chose vienne ; d'où que vienne la somme que je réclame, je ne chicanerai pas plus sur le nom que vous lui donnerez que sur le lieu d'où vous la tirerez.

L'ÉVÊQUE. — Où avez-vous vu que la Sacrée-Congrégation ait pris cette décision?

LE PRÊTRE. — Je ne sais vraiment pas l'heure, ni le lieu où la Sacrée-Congrégation a pris ces décisions. Je dirai, de plus, que la Sacrée-Congrégation n'était pas tenue à me rendre compte de ses actes. Il résulte cependant que la Sacrée-Congrégation a pris quelques décisions, qu'elle les a même transmises à votre prédécesseur, puisque votre prédécesseur a daigné répondre à la Sacrée-Congrégation, comme nous l'avons dit plus haut, et cela devrait suffire, je pense, surtout quand nous savons en quels termes cette réponse a été faite, pour justifier ce que j'ai dit au Saint Père.

Car enfin, Monseigneur, si la Sacrée-Congrégation n'avait pas trouvé mes réclamations justes et raisonnables, les aurait-elle discutées, pesées et transmises à votre prédécesseur, et votre prédécesseur eût-il été mis en demeure de répondre? Allons plus loin : la Sacrée-Congrégation m'aurait-elle écouté seulement? ne m'aurait-elle pas répondu par cette fin de non-recevoir : « *Nescio vos, non possumus, non licet!* » Si donc la Sacrée-Congrégation a daigné écrire à votre prédécesseur et lui transmettre mes réclamations, et, si votre prédécesseur a répondu, j'ai pu me permettre de dire au Saint-Père, sans lui en imposer, ce que j'ai eu l'honneur de mettre sous les yeux de Votre Grandeur.

Si vous insistez pour me demander encore dans quel registre et dans quelle page se trouve la susdite décision, je vous avouerai franchement que je l'ignore, et c'est tout ce que je puis vous répondre pour le moment. Ce que je sais, Monseigneur, et ce que je puis affirmer, c'est que la Sacrée-Congrégation, quoique le Congrès Plénier n'aie rien statué, a écrit à votre prédécesseur, et que votre prédécesseur a répondu à la Sacrée-Congrégation. Or, cela doit suffire à un homme qui a des yeux pour voir, des oreilles pour entendre et un esprit pour comprendre que je n'en impose à personne, et moins encore à celui à qui tout chrétien, tout prêtre surtout, doit la vérité et la vérité tout entière.

HUITIÈME ENTRETIEN

—————

L'ÉVÊQUE. — La seule décision que la Sacrée-Congrégation ait prise vis-à-vis de vous,

LE PRÊTRE. — Vous êtes d'une adresse surprenante, Monseigneur; vous unissez les phrases et vous les combinez d'une
manière si adroite, si admirable, que je tremble d'avoir à discuter avec vous; l'aspect d'un serpent ne m'inspirerait pas plus
de terreur. Oui, Monseigneur, vous faites des rapprochements
qui saisissent d'abord, et qui donneraient du fil a retordre à
des esprits plus adroits que le mien et plus exercés à la chicane.
Vous voulez me faire perdre la piste du gibier que je poursuis,
je le sais; mais vous ne réussirez pas cependant. Non, Monseigneur, les marches et les contre-marches que vous faites,
vous ramèneront fatalement au point que vous voulez éviter.

Avant de répondre à vos paroles, je dois dire à Votre Grandeur que je prends acte de tous les mots que vous venez de
prononcer, et je ne permettrai, en aucune manière, que vous
échappiez à mon argumentation.

Il conste donc, par vos paroles : 1° que la Sacrée-Congrégation du Concile, en douze ans, n'a pris, vis-à-vis de moi, qu'une
seule décision; 2° que cette décision est formulée dans le rescrit : *pareat*; et 3° enfin, que ce rescrit est du 14 avril 1874. Et
vous ajoutez : « Est-ce là reconnaître la justice de vos plaintes? » Or, je vous le demande, Monseigneur, quel rapport et
quel enchaînement trouvez-vous entre vos paroles et le rescrit
précité?

La seule décision que la Sacrée-Congrégation ait prise vis-à-
vis de moi, est celle-ci : « Que l'orateur obéisse aux ordres de
son évêque et qu'il se soumette humblement à lui. » Cette décision est unique; donc il n'y en a pas eu d'autre, cela est évident. Mais ce qui n'est pas moins évident, Monseigneur, c'est
que cette décision ne peut s'appliquer à tous les incidents

présents, passés et futurs de ma cause, comme une panacée bonne pour tous les maux, comme les remèdes de Paracelse ou le baquet de Cagliostro.

Mais si cette décision est la seule que la Sacrée-Congrégation ait prise vis-à-vis de moi, comme vous l'avez avoué, et si cette décision n'a paru que le 14 avril 1874, soit environ dix ans après mon appel canonique, comment se fait-il que votre prédécesseur ait pù dire et affirmer, dix ans avant cette décision, que Rome m'avait condamné? comment a-t-il pù me traiter de rebelle, de schismatique et me charger des qualifications les plus odieuses? Et vous-même, Monseigneur, comment pouvez-vous répéter les mêmes accusations et renouveler les mêmes outrages? Vous devez avouer avec moi que la conduite de votre prédécesseur a été inique de 1865 à 1874, qu'elle est sans excuse et que c'est gratuitement qu'il m'a persécuté, puisque mon affaire n'avait pas été encore jugée ; vous devez convenir aussi que votre prédécesseur s'est rendu coupable contre moi d'une horrible calomnie, et, partant, d'un scandale intolérable. Et vous-même, Monseigneur, n'avez-vous rien à rabattre de cette longue obstination que vous me reprochez, si vous devez forcément la réduire de treize ans à cinq ans, et à rien, si le rescrit n'est pas un jugement, comme nous l'avons démontré plus haut, et si je n'ai été ni jugé, ni condamné jusqu'à ce jour, soit depuis le 14 juillet 1874, jusqu'au 14 avril 1878 ?

Cette décision est formulée dans le rescrit du 14 arvil 1874. Or, j'ai prouvé par A plus B, que cette décision n'était pas un jugement définitif de ma cause, mais seulement une réponse que la Sacrée-Congrégation adressait à votre prédécesseur pour un fait particulier, pour un simple incident de ma longue affaire ; comment se fait-il que votre prédécesseur veut me persuader que cette décision est un vrai jugement? comment peut-il annoncer à tous et partout que je suis bel et bien condamné à Rome, en vertu de cette décision du 14 avril 1874? n'est-ce pas une infâmie ?

Et vous, Monseigneur, marchant sur les traces de votre prédécesseur, vous ne reculez pas devant la même imposture ; vous ne craignez pas de vous rendre coupable du même attentat contre un prêtre sans défense ; vous ne rougissez pas de me calomnier à votre tour, de me traiter comme un rebelle, de me priver de tout secours spirituel et corporel, de me mettre au pilori de l'infamie, et, pour excuser la violence de vos pro-

cédés envers moi, vous ne balancez pas de prendre en mains
cette décision, la seule que la Sacrée-Congrégation ait prise
vis-à-vis de moi ; et, à chaque fois que je réclame le pain que
vous m'avez enlevé, l'honneur que vous m'avez ravi, vous avez
le courage héroïque de me dire : « Voyez et lisez , *pareat* » ; et
comme si ce n'était pas assez, votre vicaire-général, faisant écho
à vos paroles, répète encore *pareat*, etc., avec ce plaisant commentaire : « *Exécutez-vous*, et les choses s'arrangeront pour le
mieux. » Oh! oui, quand je me serai suicidé, tout s'arrangera
pour le mieux ; mais ignorez-vous, Monsieur le vicaire-général,
que le suicide est un crime, et qu'un prêtre surtout ne peut se
rendre coupable d'un crime pareil ni physiquement, ni moralement? « Exécutez-vous ! » comme ce mot est joli, Monseigneur !
mais M. le vicaire ne ferait-il pas mieux de s'exécuter lui-
même? le diocèse, croyez-moi, ne serait pas fâché de cette
opération. Mais revenons à notre sujet et, permettez-moi de vous
le dire, Monseigneur, la décision que la Sacrée-Congrégation,
la seule qu'elle ait prise vis-à-vis de moi, le 14 avril 1874, sera-
t-elle la réponse à toutes les difficultés, et vous donnera-t-elle
le droit d'ajouter triomphalement : « Est-ce là reconnaître la
justice de vos plaintes ? » Non, Monseigneur, vous ne pouvez
pas le faire sans mauvaise foi, sans appliquer, à mille faits
divers, une décision qui, de sa nature, n'a trait qu'à un fait particulier, sans rapport avec ce que vous dites, c'est-à-dire à un
jugement définitif de ma cause ; vous ne pouvez, sans sophisme,
passer d'un ordre de choses à un autre ; vous ne pouvez passer
du particulier au général. Il serait plaisant de voir un évêque
tirer de la poussière d'un Evêché une pièce surannée pour
trancher toutes les difficultés qui se sont passées, qui se passent
ou se passeront encore. Est-ce que la Sacrée-Congrégation pouvait savoir en 1874, les futurs contingents que nous réser-
vait 1878, et le résultat d'une enquête qui ne devait jamais
avoir lieu, ni les suites d'un procès qui ne sera terminé, peut-
être, qu'au jugement dernier?

———

L'ÉVÊQUE. — Ce n'était pas, tant s'en faut, pour les
imposer, ni même pour les conseiller à Mᵍʳ Jordany, mais
uniquement pour dire que vous les demandiez, ce qui
n'est pas la même chose.

LE PRÊTRE. — Souvent, Monseigneur, l'homme tombe dans le piége qu'il tend aux autres, et c'est ce qui arrive en ce moment à Votre Grandeur, *Deo gratias!* Vous avouez, Monseigneur, que la Sacrée-Congrégation a écrit à votre prédécesseur, qu'elle lui a fait part de certaines réclamations que je faisais, et, pour atténuer le mauvais effet que cet aveu pouvait produire, vous vous évertuez pour expliquer la pensée de la Sacrée-Congrégation. Vraiment, Monseigneur, la plume tombe des mains, quand on a la rude besogne de répondre à de pareilles subtilités. J'ai eu l'honneur déjà de dire à Votre Grandeur que mon affaire n'avait pas eu de solution judiciaire, et pour cause, puisqu'elle n'a jamais été ni jugée, ni plaidée même. Or, si mon affaire n'a jamais été jugée, il est clair comme le jour que la Sacrée-Congrégation n'a pû imposer aucune décision ni à votre prédécesseur, ni à moi, cela est évident. La Sacrée-Congrégation a conseillé de terminer l'affaire à l'amiable, et c'est sur ce pied qu'elle a agi et conseillé, ou fait part à votre prédécesseur de ce qu'il y aurait à faire. Mais vous devez bien penser, Monseigneur, que la Sacrée-Congrégation, exprimant son idée sur une affaire, cette idée est plus qu'un conseil, c'est un ordre pour tout homme qui ne ferme pas volontairement les yeux à la lumière. Il n'y a donc pas loin, Monseigneur, de ce que j'ai dit, à la conduite que j'ai prêtée à la Sacrée-Congrégation du Concile.

NEUVIÈME ENTRETIEN

L'ÉVÊQUE. — Dans la lettre qu'elle m'adresse, celle-là même que vous m'avez fait parvenir du 2 décembre 1876,

LE PRÊTRE. — Oui, Monseigneur, la Sacrée-Congrégation du Concile m'a remis une lettre pour Votre Grandeur, mais fermée, comme vous savez. Mais si cette lettre était fermée, il s'en

suit nécessairement que je n'ai pû savoir ce que la Sacrée-Congrégation écrivait à Votre Grandeur; ce que je sais, Monseigneur, c'est ce que cette lettre devait contenir, puisque j'avais
signifié à la Sacrée-Congrégation que je ne voulais nullement
du rôle de suppliant, et moins encore du rôle de coupable ou
de dupe. La Sacrée-Congrégation savait que je ne demandais ni
grâce, ni miséricorde, mais une rigoureuse justice. Que vous
a donc écrit la Sacrée-Congrégation du Concile?

L'ÉVQUE. — La Sacrée-Congrégation du Concile constate que malheureusement vous n'avez pas encore
acquiescé à son jugement;

LE PRÊTRE. — Ici, Monseigneur, permettez-moi de vous
répéter ce que Notre-Seigneur Jésus-Christ disait à Pilate :
*Dites-vous cela de vous-même, ou bien quelqu'un vous l'a-t-il
dit?* Est-ce la Sacrée-Congrégation du Concile qui a tenu le
langage que vous lui prêtez ou quelqu'un autre? Et puis quel
est ce jugement dont parle la Sacrée-Congrégation : est-ce celui
du 14 avril 1874? comment! la Sacrée-Congrégation, nantie du
certificat qui atteste que j'ai fait les exercices spirituels prescrits, répond à votre prédécesseur, qui se plaint frauduleusement que je n'avais pas voulu lui obéir, malheureusement, ni
déférer aux vœux de la Sacrée-Congrégation; la Sacrée-Congrégation, dis-je, répond à votre prédécesseur que « l'abbé Reynoard a fait les exercices spirituels qui lui étaient commandés »,
et, aujourd'hui, se déjugeant elle-même, elle constate que
malheureusement je n'ai pas acquiescé à son jugement? ne
se met-elle pas, par cet acte, en flagrant délit de contradiction?
Non, Monseigneur, la Sacrée-Congrégation n'a pû tenir et n'a
pas tenu le langage que vous lui prêtez. Voudrait-elle faire
allusion à un autre jugement auquel je n'aurais pas acquiescé
malheureusement? mais prenez-garde, Monseigneur, à la date
du 28 décembre 1876, soit deux ans et plus après l'acte du
14 avril 1874, vous avouez vous-même que la décision du
14 avril 1874 est la seule décision que la Sacrée-Congrégation
ait prise vis-à-vis de moi; donc il n'y a pas eu d'autre décision, d'autre jugement. Postérieurement à l'époque du 28 dé-

cembre 1876, la Sacrée-Congrégation du Concile a-t-elle porté quelque décision? je l'ignore et vous l'ignorez vous-même. Quoi qu'il en soit, il est certain qu'aucune décision, ni aucun jugement, n'a été rendu depuis, ou que du moins aucun jugement n'a été signifié. La Sacrée-Congrégation pourrait-elle dès lors me faire un crime de n'avoir pas acquiescé malheureusement à un jugement qui n'a jamais existé, et dont nous ignorons, vous et moi, l'existence?

Je ne vous ferai pas l'injure, Monseigneur, d'avoir inventé le langage que vous prêtez à la Sacrée-Congrégation, oh! non; mais il faut que vous me permettiez de soulever un coin du voile qui cache la vérité, et de démasquer enfin l'astuce et le mensonge. Dites-moi donc, Monseigneur : qui a constaté que je n'avais pas acquiescé malheureusement à son jugement? Est-ce la Sacrée-Congrégation? non, Monseigneur, elle ne pouvait pas le dire et ne l'a pas dit. Qui a donc pû dire que je n'avais pas encore acquiescé à son jugement? dois-je le dire? et pourquoi ne le dirais-je pas : c'est votre prédécesseur, se plaignant à la Sacrée-Congrégation du Concile; c'est lui qui a constaté que je n'avais pas encore acquiescé malheureusement à son jugement; mais quand? en avril 1874, et c'est alors que la Sacrée-Congrégation a repondu à votre prédécesseur par le rescrit *pareat* du 14 avril 1874.

Comment se fait-il donc que la lettre de votre prédécesseur, en date du 1er avril 1874, soit placée après la décision de la Sacrée-Congrégation du 14 avril; comment se fait-il encore que ces deux lettres de 1874 se retrouvent fondues dans la lettre de la Sacrée-Congrégation en date du 2 décembre 1876, pour constater que malheureusement, je n'ai pas encore acquiescé à son jugement? Ah! Monseigneur, je vais vous dire une chose que vous savez mieux que moi, mais je veux vous la dire cependant, pour constater malheureusement que je connais, par avance, toute l'habilité, toute l'adresse et toute la prestigiditation d'un Evêché; pour vous faire savoir aussi que je sais déjouer, au besoin, la ruse la plus fine : Vous avez pris la lettre de votre prédécesseur (celle-là même où il constate que je n'ai pas acquiescé malheureusement à son jugement), vous avez placé cette lettre à la suite du rescrit de la Sacrée-Congrégation et c'est ainsi que vous faites dire à la Sacrée-Congrégation ce qu'elle ne dit pas, ce qu'elle ne pouvait pas dire, puis vous avez joint ces deux pièces à la lettre de la Sacrée-

Congrégation, en date du 2 décembre 1876, et vous avez fait
de ces trois pièces un tout, mais si mal assorti, si mal cousu,
que l'astuce perce de tout côté. Aussi, je ne crains pas de le
dire, Monseigneur : si un évêque se rend coupable d'une pareille
supercherie, que ne feront pas les gens du monde? que ne fera
pas le prêtre surtout, lorsqu'il voit sortir d'un Evêché tant de
faussetés, tant de ruses et tant d'horreurs?

L'ÉVÊQUE. — Elle-même, cédant à vos prières, vous
recommande à ma charité.

LE PRÊTRE. — C'est tout ce qu'elle pouvait faire et c'est assez.
J'ai dit que c'est tout ce qu'elle pouvait faire, oui, Monseigneur,
puisqu'il n'y a pas eu de jugement rendu sur mon affaire, et
qu'il n'y a pas eu même de plaidoirie.

D'ailleurs, Monseigneur, alors même qu'un jugement aurait
été rendu dans les formes et en Congrès plénier, Rome ne parle
pas autrement à NN. SS. les évêques. Oui, celui qui s'appelle le
serviteur des serviteurs de Dieu, le vicaire de celui *qui n'achevait
pas d'éteindre la lampe qui fumait encore, ni de briser le roseau
cassé*, ne se sert pas d'autres formules, lorsqu'il s'adresse aux
fidèles, et surtout aux évêques, et leur prescrit la même douceur. *Les rois des nations dominent sur leurs sujets*, dit saint
Luc, *pour vous il n'en sera point ainsi*. Le Souverain Pontife est
assis sur le trône des Césars; je dis plus : il est sur l'autel de
Jupiter, et il ne dit pas comme le père des dieux : *sic volo, sic
jubeo, sit pro ratione voluntas?* oh! non. « Malheureusement,
dit Fénélon, il n'y a en France, ni formes, ni charité; on
s'efforce de nous prouver qu'il n'y a pas de justice; et c'est
ainsi que Rome ne trouve souvent pas d'écho, et que les affaires
les plus simples deviennent parfois interminables. »

Rome a donc cédé à mes prières et m'a recommandé à votre
charité; mais, je vous le demande, Monseigneur, à quelle vertu
pouvait-elle faire appel? est-ce à votre justice? est-ce à votre
humanité? est-ce à votre raison? quand les faits démontrent, *à
priori*, qu'il n'y a plus à Fréjus ni raison, ni humanité, ni justice. Rome croit donc avoir tout dit, quand elle a fait entendre
à un évêque ces sublimes accents de l'Evangile : *Par les entrail-*

les de la miséricorde de notre Dieu, avec lesquelles elle nous a
visités en venant du ciel, rendez la lumière à ceux qui sont dans
les ténèbres, et qui sont assis dans les ombres de la mort

L'ÉVÊQUE. — De là à la manière de voir que vous prêtez
à la Sacrée-Congrégation, il y a loin, monsieur l'abbé.

LE PRÊTRE. — Est-ce vous ou moi, qui interpréte mal les
intentions de la Sacrée-Congrégation? Jugez et décidez vous-
même la question, Monseigneur.

L'ÉVÊQUE. — Et s'il ressort de cette lettre que si les éminents Pères sont quelque peu fatigués de vos instances,

LE PRÊTRE. — « Donnez-moi, six lignes d'un individu, disait
un homme d'esprit, et, dans ces lignes, je veux trouver dix
raisons pour le faire pendre. » En effet, si on dénature les faits,
si on commente les intentions, si on explique les apparences,
si on prête des vues coupables, si on prend les choses les plus
naturelles à rebours, où n'arrivera-t-on pas? Dites-moi, Monseigneur, comment ressort-il de la lettre de la Sacrée-Congrégation
que « les éminentissimes Pères soient quelque peu fatigués de
mes instances? » c'est vous qui le dites; mais alors, pensez-y,
Monseigneur, en parlant d'une manière aussi leste, aussi légère
des personnes illustres qui président aux affaires ecclésiastiques, vous faites gratuitement injure à leur caractère, à leur
justice et à la position éminente qu'elles occupent dans la
hiérarchie sacrée de l'Eglise de Jésus-Christ.

Les éminentissimes Pères sont juges; dès lors, comment
peuvent-ils trouver étonnant qu'un accusé demande, avec
instance, que son affaire soit enfin jugée? est-ce que mon affaire
n'a pas assez duré? la guerre de Troie n'a duré que dix ans,
et mon affaire, que Monseigneur le Secrétaire de la Congrégation trouvait si simple et si facile, a duré plus de dix ans, et
durera peut-être encore dix ans, si tant est qu'elle ait une fin.

Et puis, Monseigneur, dites-moi : quels sont ces éminentis-

simes Pères que vous mettez en scène ? est-ce la Sacrée-Congrégation du Concile ? est-ce le Congrès plénier, qui jamais n'a eu
à discuter ma cause et qui même n'a jamais été consulté ? est-ce
l'éminentissime cardinal - préfet de la Sacrée-Congrégation,
homme grave et instruit, homme doué de toutes les qualités,
de toutes les vertus de sa position, mais trop âgé pour entrer
dans le fond des affaires, et qui, à mon arrivée à Rome, avouait
ingénument ne pas savoir le premier mot de mon affaire ?

Deux fois, j'ai eu l'honneur de voir l'éminentissime préfet
de la Sacrée-Congrégation, et je vous assure, Monseigneur, que
son Eminence n'avait ni l'air, ni la raison d'avoir été quelque
peu fatigué de mes instances. Si j'ai vu rarement le cardinal-
préfet de la Sacrée-Congrégation, je ne lui ai pas souvent écrit,
et, quand je l'ai fait, je lui ai seulement adressé copie de la
lettre que Théodoret, évêque de Cyr, écrivait au grand et saint
pape Léon : « Il y a trente ans que je suis prêtre, et, après tant
de travaux et de dangers, je suis condamné sans avoir été
entendu. J'attends donc le jugement de votre siége apostolique,
conjurant et priant Votre Sainteté, au tribunal de qui j'en
appelle, de m'assister de son secours et de m'accorder d'aller à
Rome, pour lui rendre compte de ma doctrine. Ne rejetez pas
ma prière et ne méprisez pas ma vieillesse, traitée si indigne-
ment après tant de travaux. Que je sache, avant tout, si je dois
acquiescer à cette inique déposition ou non ; j'attends votre
décision. Si vous me commandez d'obéir, j'obéirai ; je suis
résigné, je n'importunerai plus personne, et je m'en référerai
au jugement de Dieu : Il est témoin que ce qui me peine le plus,
ce n'est point mon honneur, mais le scandale qui en résulte. »

Cette supplique, Monseigneur, était-elle capable de lasser la
patience d'un cardinal-préfet de la Sacrée-Congrégation ? croiriez-vous, par hasard, que les éminentissimes Pères soient
aussi chatouilleux que certains de nos évêques ?

Non, Monseigneur, il ne ressort pas de la lettre de la Sacrée-
Congrégation que les éminentissimes Pères « aient été quelque
peu fatigués de mes instances ». Il ressort seulement une chose :
c'est que les éminentissimes Pères aimaient mes instances, et
la preuve, c'est que j'écrivais un jour à son éminence le cardinal-
préfet de la Sacrée-Congrégation : « Eminence, délivrez-vous
enfin de mes importunités, et terminez mon affaire d'une
manière quelconque. » A-t-il exaucé ma prière ? non. Si les
éminentissimes Pères étaient quelque peu fatigués de mes ins-

tances, il faudra dire que les membres de la Sacrée-Congrégation ressemblent moins aux Français, toujours bouillants, toujours lestes à la besogne, qu'à cet animal que Buffon appelle le paresseux. Par le fait, mettre dix ans ou environ, pour écrire un ordre de huit mots, dix-neuf mois pour tracer chaque syllabe, et neuf jours pour former chaque lettre d'un misérable rescrit, avouez, Monseigneur, que ce n'est pas trop. Seulement on se demande avec effroi, quel temps il faudrait à la Sacrée-Congrégation pour formuler un jugement en forme.

L'ÉVÊQUE. — Je ne vois pas qu'ils se soient grandement émus

LE PRÊTRE. — Pas d'ironie, si vous plaît... Voyez, si vous faites usage de pareilles armes, vous me donnerez le droit d'user de représailles, et alors malheur ! La raison, je vais vous la dire : M. de Cormenin m'a légué une plume qui, taillée, deviendrait plus tranchante que le glaive et plus pénétrante que la langue d'un serpent. Trève donc de fades plaisanteries, toujours indignes d'un sujet sérieux, et bien plus indignes encore quand elles tombent des lèvres ou de la plume d'un évêque jugeant un prêtre sans défense.

Répondez-moi donc, Monseigneur, qui vous a dit que les éminentissimes Pères ont été mieux traités, en cette circonstance, que les vénérables chanoines de votre église cathédrale, quand vous dites dans vos mandements : « Après en avoir conféré avec nos vénérables chanoines de notre église cathédrale, avons ordonné, et ordonnons ce qui suit ? » Qui vous a dit aussi que les éminentissimes Pères ne sont pas émus de voir qu'il n'y a plus de lois, et que le caprice et l'arbitraire les plus effrénés servent seuls de règles de conduite à certains évêques ? Ce qui est certain, Monseigneur, c'est que son éminence le cardinal Catérini, une fois instruit de mon affaire, a dit, à haute et intelligible voix et en présence de plusieurs témoins : « L'évêque de Fréjus, pour réparer le mal qu'il a fait, devrait nommer M. Reynoard chanoine titulaire de son église cathédrale ; ce serait là le vrai moyen d'ensevelir cette affaire et de réparer une grande injustice. »

L'ÉVÊQUE. — De votre prétention, d'avoir souffert pour soutenir les droits du Saint-Siége,

LE PRÊTRE. — J'ai dit et je le répète, que j'ai souffert énormément ; et lorsque j'ai affirmé que mes souffrance avaient eu pour cause mon invincible attachement aux droits de l'Eglise, je n'ai fait qu'assurer un fait certain, indiscutable et que je puis prouver, au besoin, d'une manière certaine. Mais prenez garde, Monseigneur, quand j'ai affirmé au Saint Père ce fait, c'est sans arrière pensée, sans prétendre à aucune grâce ; je ne visais ni à la pourpre, ni même à une mitre. Non, Monseigneur, je crois seulement avoir rempli un devoir, et je suis assez récompensé de mes peines, par la satisfaction que j'éprouve en moi-même et par la consolation que je trouve d'avoir fait savoir au Saint Père qu'il a des ennemis plus redoutables encore que ceux qui demandent sa déchéance ou sa mort.

DIXIÉME ENTRETIEN

L'ÉVÊQUE. — Cependant, puisque la Sacrée-Congrégation vous recommande à ma charité,

LE PRÊTRE. — Dieu soit béni ! tous les évêques ne fermeront pas toujours leurs oreilles et leur cœur à la voix de la raison et de la justice ; non, Monseigneur.

L'ÉVÊQUE. — Et que je tiens à vous prouver mon ardent désir de vous aider à rentrer au bercail,

LE PRÊTRE. — Rêvons-nous ? qu'ai-je entendu, que signifient vos paroles, Monseigneur ? dans quelle voie m'a donc trouvé Votre Grandeur quand elle est venue dans le diocèse ? dans quelle route ai-je marché depuis deux ans que je suis à Rome ?

Plus d'une fois, depuis, j'ai eu l'honneur et le bonheur insigne de voir, de mes yeux, le pasteur des pasteurs, l'évêque des évêques, et je ne pouvais me méprendre, puisque je marchais à la suite des fidèles de tout rang, de tout âge et de toute nation qui venaient offrir au Père commun, leurs félicitations, leurs respectueux hommages, leurs riches présents et admirer la sagesse du nouveau Salomon que le Ciel avait donné à la terre. En ce moment, je l'avouerai avec joie, j'ai cru voir se réaliser ces magnifiques paroles d'Isaïe : « Un jour viendra où toutes les nations se diront : *Venez, et montons sur la montagne Sainte, parce que c'est de Sion que viendra la loi* », et tout naturellement je me suis mis à la suite de cette foule d'étrangers ; plus d'une fois j'ai baisé la main paternelle de celui qui ne sait que bénir, et qui *passe le chemin de la vie en faisant du bien.* Comment ? en agissant de la sorte, me serais-je séduit comme les brebis de la fable, et n'aurais-je embrassé qu'un faux Guillot ? Comme Judas, aurais-je trahi, par un baiser, le Souverain Pontife ? Non, non, Monseigneur, je ne me suis pas mépris, et je n'ai trompé personne. Dans la ville éternelle, j'ai marché, je crois, dans les sentiers tracés par l'Evangile, comme je puis le prouver au besoin par des actes authentiques.

Vous parler de la sorte, Monseigneur, c'est vous dire que *je n'ai pas fréquenté les assemblées des impies, que je ne me suis pas arrêté dans la voie des méchants et que je ne me suis pas assis dans la chaire de pestilence de l'erreur.* « Je suis et je veux être et rester catholique, non à la manière de Bossuet, mais du Pape et de l'Evangile », dirai-je avec un de vos vénérables prédécesseurs.

D'où vient donc, Monseigneur, d'où vient ce désir ardent que vous avez ? pourquoi ce feu qui vous dévore et que voulez-vous ? M'aider à rentrer dans le bercail ? mais ai-je besoin de rentrer dans un endroit où je suis déjà ? on ne peut revenir qu'à un endroit que l'on a quitté ; or, je suis dans le bercail, donc je n'ai pas besoin d'y revenir. Dès lors que vaut votre secours ? rien ! absolument rien !

———————

L'ÉVÊQUE. — Je vous renouvelle, par le *celebret* ci-inclus, le pouvoir de remonter à l'autel, que vous avait déjà rendu mon prédécesseur,

LE PRÊTRE. — Quelle redondance de mots et quel gâchis!
Comment pouvez-vous me donner un pouvoir que j'ai déjà et
que votre prédécesseur m'avait rendu? Est ce que le *celebret*
de votre prédécesseur était, par hasard, une monnaie de mauvais aloi? ou bien le *celebret* devait-il s'arrêter à la première
marche de l'autel, et devenir nul et sans valeur à la seconde?
Merci toutefois, merci d'une grâce inutile, et que vous ne
pouviez refuser d'ailleurs sans fournir, en même temps, les
raisons de votre refus; ce qui eût été bien difficile pour Votre
Grandeur.

L'ÉVÊQUE. — Et, comme lui, je vous envoie un secours
de cent cinquante francs que vous pourrez toucher, à
Rome, chez notre agent expéditionnaire que nous allons
prévenir.

LE PRÊTRE. — C'est bien, Monseigneur, c'est généreux; mais
ce n'est pas trop. C'est vraiment une goutte d'eau jetée dans
un fleuve grossi par l'orage; il ne perdrait rien pour cela de sa
teinte fangeuse et troublée.

L'ÉVÊQUE — Tant que vous resterez à Rome où ailleurs
sans emploi,

LE PRÊTRE. — Il n'y a que deux lignes dans cet alinéa, mais
chaque mot porte pièce, comme on dit, et il faudrait vraiment
un volume pour montrer tout le venin et toute la ruse qu'il
renferme et dissimule. Prouvons brièvement ce que nous
avançons : « Tant que vous resterez à Rome où ailleurs sans
emploi! » Quelle admirable bonté! ne serait-on pas tenté de
s'écrier à ces paroles : « *nemo tam pater!* » comme disait Tertulien, en parlant de la bonté divine? Oui, si notre séjour à
Rome était libre et volontaire; s'il était nécessaire pour notre
instruction ou pour notre édification. Mais est-ce bien pour des
raisons aussi plausibles que Votre Grandeur parle de notre
séjour à Rome ou ailleurs? oh! non. Voici, en effet, ce que

Votre Grandeur écrivait au bon père Claude. procureur-général de l'ordre de saint Jean-de-Dieu : « Dites à M. Reynoard
qu'il fera mieux de rester à Rome ou de se retirer dans un
diocèse autre que celui de Fréjus. » Et, dans une entrevue que
j'ai eu l'honneur d'avoir avec Votre Grandeur, vous m'avez
signifié carrément qu'il fallait absolument sortir du diocèse,
sous peine de ne pouvoir obtenir ni *celebret*, ni secours.

Cette mesure. Monseigneur, est vexatoire au dernier des
points; mais que dire de la raison que vous alléguez pour
motiver un arrêt de proscription? « Vous ne pouvez continuer
à demeurer dans un diocèse, dites-vous, que j'ai scandalisé
pendant dix ans par ma désobéissance et mon obstination »

Le séjour à Rome ou ailleurs que Votre Grandeur me conseille n'est donc pas une grâce, une faveur; c'est, au contraire,
un exil forcé et une nouvelle flétrissure que vous ajoutez à tant
d'autres, et je dis que cette flétrissure est inique, inhumaine,
et que je ne puis m'y soumettre en aucune manière.

En effet, Monseigneur, comment voulez-vous qu'à soixante-
huit ans, je consente à m'exiler de mon pays, que je me sépare
des amis et des parents qui me restent pour aller vivre en pays
étranger? La chose est-elle humainement possible? Je n'ai rien
au monde, parce que l'Evêché m'a dépouillé de tout et m'a fait
dévorer jusqu'au dernier centime, d'une manière ou d'autre.
Je n'ai comme les Basile que les habits qui me couvrent et
quelques livres, un petit mobilier que je ne puis ni emporter,
ni abandonner, et que faire? aller à Rome ou ailleurs? c'est
bien : mais, pour obéir à vos ordres, il faut faire des frais, et,
certes, ce n'est pas avec le secours dérisoire que vous m'avez
envoyé, que je puis faire un déménagement dispendieux, aller
m'établir à Rome ou ailleurs, vivre et attendre qu'il plaise à
Votre Grandeur de m'envoyer, quoi? rien ou presque rien! Ce
n'est pas tout, avant d'avoir trouvé une patrie qui veuille me
donner l'hospitalité que vous me refusez dans mon pays et un
diocèse qui consente à me recevoir, je devrais faire comme la
pierre qui, détachée des monts par l'orage, roule sans cesse
dans le torrent sans pouvoir trouver le repos. Oui, mais en
attendant où dois-je me fixer? car je ne puis pas vivre de la
vie de l'atome; je ne puis rester qu'à l'endroit où j'ai mes
affaires. Donc que vous le veuilliez ou non, Monseigneur, je
profiterai de la latitude que me donne la loi de l'Eglise. Elle
me permet d'aller partout où je pourrai trouver des moyens

d'existence et, partant, de rester où je suis, si je trouve là, sinon des moyens de vivre, au moins la facilité de ne pas dépenser, puisque je ne reçois de l'Evêché ni poste, ni secours.

Ma résolution vous étonne, Monseigneur ; mais alors vous serez bien plus étonné si je dis à Votre Grandeur, que vous ne trouveriez personne en France qui voulût consentir à se soumettre a vos exigeances et à des ordres aussi cruels et inhumains, à moins que vous ne consentissiez à payer vous-même les frais de déplacement, et que vous ne lui assurassiez des moyens suffisants pour vivre.

Et puis, Monseigneur, avez-vous bien le droit de m'exiler de mon diocèse? quel est, dites-moi, le jugement qui m'a condamné à une peine aussi sévère? au nom de quelle loi m'imposez-vous un si terrible châtiment? où est la sentence qui me condamne à l'exil ? Donc, pas de sentence, pas d'exil. Non, Monseigneur, et la raison la voici : c'est qu'indépendemment des misères et des frais qu'entrainerait un exil forcé, je justifierais, par ma conduite, les excès de pouvoir que vous vous êtes permis contre moi, je donnerais gain de cause à la calomnie, et je vous débarrasserais surtout d'un témoin dont la présence seule exciterait l'indignation publique et les remords de votre prédécesseur et de vous.

La conduite des Romains était plus rationnelle et plus juste : quand un serviteur était vieux ou inepte au travail, il était mis à mort par un maître impitoyable, ou bien on le reléguait dans une île déserte, où il était jeté vivant dans un vivier pour engraisser des murènes, et tout était dit. Il était réservé à un évêque de prolonger l'agonie de ses victimes, en les vouant à l'exil, c'est-à-dire à la honte, à la misère jusqu'à la mort.

« Allez à Rome ou ailleurs », me dites-vous ; oui, mais que faire à Rome ou ailleurs, à quoi m'occuperai-je ? aux fonctions de mon ministère que vous avez paralysé, discrédité, anéanti par votre conduite? qui voudra m'employer? qui consentira même à me recevoir? Vous leur direz qu'il n'y a rien à reprocher à ma conduite, mais que mon caractère est épouvantable, que je suis un homme dangereux, un écervelé et un fou; que je suis à même de bouleverser le ciel et la terre, et que vous avez dû m'exiler pour toutes ces raisons et autres que la charité chrétienne vous défend d'énumérer. Or, je vous le demande, Monseigneur : ces honorables renseignements seront-ils de nature à m'attirer les sympathies de Nos Seigneurs les évêques ? tous, au contraire, ne feront-ils pas tous leurs efforts pour m'éloigner de leur diocèse ? D'ailleurs, est-ce à soixante-huit ans que l'on peut commencer une nouvelle carrière, apprendre une langue et se faire à de nouvelles mœurs ?

Si votre prédécesseur et vous, vous m'aviez fourni l'allocation que la loi civile et la loi ecclésiastique m'accordent et que vous n'avez jamais refusée à des prêtres vraiment coupables, peut-être auriez-vous quelques droits de sévir ; non-seulement vous me refusez ce que la loi accorde et ce que l'humanité seule impose, mais vous vous étudiez encore à me faire dépenser inutilement jusqu'au dernier centime ; et lorsque vous voyez que je suis dans le dénûment le plus complet, vous me dites comme ces âmes impitoyables dont parle l'apôtre saint Jacques : *Allez, chauffez-vous et mangez.* Oui, Monseigneur, mais pour se chauffer et manger, il faut du pain et du bois ; or, que faire pour se procurer l'un et l'autre ?

L'exil, vous le voyez, Monseigneur, c'est la honte, la misère et la mort, toutes choses que votre rhétorique ne pourra jamais me persuader d'accepter, ni toute votre violence de subir.

Mais, plus je rumine vos paroles, plus je sens le poids de votre autorité et la rigueur des coups que vous me portez. Un exil forcé ! mais pourquoi, Monseigneur, est-ce bien pour la raison que vous avez alléguée, pour le prétendu scandale que j'ai donné ?

Croyez-vous sincèrement ce que vous dites, Monseigneur ? Dans ce cas, je suis forcé de croire que votre religion a été surprise et trompée, et c'est un devoir pour moi de dissiper les ténèbres que la malveillance a pu répandre sur vous et que vous avez communiquée à ceux que votre autorité a séduits par ses sophismes et ses mensonges, et, croyez-le, Monseigneur, je ne faillirai pas à la tâche que vous m'imposez ; si, au contraire, vous ne croyez pas un mot de ce que vous dites, oh ! alors, vous me donnez tout droit de crier à l'imposture et de démasquer les machinations honteuses à l'aide desquelles vous êtes parvenu à me perdre dans l'esprit de vos ouailles. Je le répète donc, le jour se fera, et ce jour sera si brillant que vous et tout le diocèse serez forcé d'ouvrir enfin les yeux à la vérité.

L'ÉVÊQUE. — Je veux bien consentir.

LE PRÊTRE. — Quelle admirable bonté! elle est bien digne du prédécesseur et du successeur.

Mais, Monseigneur, est-ce qu'il dépend de vous de me refuser, je ne dis pas un simple et insignifiant secours, dont vous vous réservez encore le chiffre et le mode de paiement, mais une pension alimentaire suffisante pour vivre, quand toutes les lois civiles et ecclésiastiques se réunissent pour assurer à un prêtre éloigné du service des autels, pour maladie, pour interdit, pour suspense, pour retraite forcée dans une maison de correction ou pour sentence en police correctionnelle, une pension alimentaire? Poser la question, c'est la résoudre : ce n'est donc pas une aumône ou un acte de charité que j'ai droit d'attendre de vous, Monseigneur, mais un secours légitimement dû, et une vraie restitution de la dette sacrée que vous avez contractée lorsque vous m'avez imposé les mains.

L'ÉVÊQUE. — Si nous n'avions pas à vous faire de nouveaux reproches;

LE PRÊTRE. — Quels sont, s'il vous plaît, les reproches que vous avez à me faire, depuis que vous êtes sur le siége de Fréjus? qu'avez-vous à me dire? Déjà vous m'avez dit, Monseigneur, « que vous étiez entièrement étranger à mon affaire et que vous n'aviez rien à me dire personnellement »; cependant je m'aperçois que vous empruntez le pluriel. Pourquoi cette manœuvre? Est-ce pour donner plus de force à vos paroles et un sens raisonnable à votre conduite envers moi? Eh! oui, il le faut bien, n'ayant rien à me reprocher vous-même, il faut éveiller le chien qui dort, il faut susciter sa morgue; il faut vous identifier avec lui et alors d'une pierre vous aurez fait un double coup, et vous pourrez me reprocher, avec quelque raison, le malheur que j'ai eu de me défendre contre les attaques d'un injuste agresseur. Mais dites-moi, Monseigneur, cette solidarité que vous établissez maintenant avec votre prédécesseur, ne serait-elle pas une ruse de guerre, un prétexte pour refuser d'accomplir, quand cela pourra vous plaire, les promesses que vous paraissez faire dans votre lettre et de disposer à votre gré des fonds secrets de l'Évêché? La ruse est bonne et ne peut que réussir, en son temps. Oui, Monseigneur, les occasions de me faire de nouveaux reproches ne feront pas défaut à Votre Grandeur. Par le fait, les espions sont si nombreux et si habiles, qu'il leur sera facile de trouver et d'inventer, au besoin, de nouveaux griefs et mille prétextes qui donnent le droit à Votre Grandeur de serrer les cordons de sa bourse, et alors adieu les promesses et les secours! ou comme disait Pierrette de la fable :

Adieu, veau, vache, cochon, couvée !

Mais encore, que faudra-t-il faire pour que Votre Grandeur n'ait pas de nouveaux reproches à nous faire? Vivre en prêtre repentant et soumis jusqu'à mon dernier souffle? S'il en est ainsi, Monseigneur, retirez votre promesse, et, dès ce moment, vous pouvez faire ce que vous voudrez.

L'ÉVÊQUE. — Quant à obtenir un poste dans le diocèse de Fréjus, vous n'y parviendrez que lorsque je pourrai justifier ce retour de notre confiance, en montrant aux fidèles et aux prêtres que vous avez scandalisés, un acte écrit et signé par vous de soumission formelle à votre évêque,

LE PRÊTRE. — N'êtes-vous pas essoufflé, Monseigneur, après les efforts que vous avez dû faire pour tirer du fond de votre esprit les pensées que vous venez de formuler d'une manière si crue? Est-ce là le langage d'un évêque? Pour me faire avaler le breuvage amer que Votre Grandeur me préparait, vous avez voulu frotter de miel le bord de la coupe que vous m'offrez! mais

Chassez le naturel, il revient au galop.

Oui, Monseigneur, pour m'allécher et pour m'extorquer l'acte inqualifiable et dangereux que vous me proposez, Votre Grandeur, dans un entretien que j'ai eu l'honneur d'avoir avec elle à Rome, me promettait, sur ses grands dieux, que cet acte resterait secret et enseveli dans les cartons de l'Evêché, qu'il ne serait montré à âme qui vive. C'est bien, c'est charitable même ; mais comment se fier à des hommes si peu esclaves de leur parole, qui soufflent à la fois le chaud et le froid; qui, non-seulement ne s'entendent pas avec ceux qui les entourent, mais qui ne s'entendent même pas avec eux-mêmes?

Jusqu'à présent j'avais cru que la parole d'un prêtre était sacrée, et que celle d'un évêque était inviolable. C'est, fondé sur ce principe de haute moralité, que j'ai cru me plaindre filialement à mon évêque de ce que S. G. avait perdu le souvenir de ses promesses, puisque, depuis cinq mois, j'étais à Rome sans avoir reçu le secours promis, une première fois par la lettre du 28 décembre 1876, et une deuxième fois par la lettre au père Claude. Or, Monseigneur, avez-vous tenu votre promesse? et si vous n'avez pas tenu votre promesse, et vous n'avez pas voulu la tenir sous le fallacieux prétexte que ce faible secours ne servirait qu'à me faire rapatrier, ai-je eu tort de me plaindre?

« Comment! me crie un grand-vicaire surpris, vous vous plaignez de ce qu'on ne vous a plus envoyé aucun secours depuis le mois de janvier? mais à qui la faute, si ce n'est à vous? Avez-vous rempli la condition que le prélat vous avait imposée : celle de lui adresser par écrit, le désaveu pur et simple de votre conduite passée et l'expression formelle de vos regrets? car Monseigneur n'a trouvé rien moins que cela dans la lettre que vous lui avez écrite à ce sujet. Il y a lu les récriminations amères contre son vénéré prédécesseur, mais rien de précis, ni de formel sur le fait principal. Exécutez-vous donc au plus tôt, si vous voulez, en rentrant dans le diocèse, y obtenir un poste quelconque, et, si vous préférez vous fixer à Rome, nous nous entendrons avec notre agent expéditionnaire, sitôt après l'envoi de votre rétractation, pour que notre correspondant vous solde, par trimestre, la somme que Sa Grandeur a décidé de vous fournir. Du reste, vous ne paraissez pas être pressé par le besoin d'argent, puisque vous annoncez de quitter la ville éternelle et revenir dans le diocèse. Quoiqu'il en soit, soumettez-vous, *pareat episcopo*, etc., et tout s'arrangera pour le mieux. »

Déchiffre qui pourra ce logogriphe; pour nous, nous ne voyons dans cette longue lettre qu'un tour de passe-passe pour éviter de répondre à notre question. Et puis, que de choses à observer dans cette missive écrite au nom et presque sous la dictée de Votre Grandeur! comme elle est contraire à vos promesses écrites! Est-ce que vous ne m'aviez pas écrit : « Tant que vous resterez à Rome ou ailleurs sans emploi, je veux bien consentir à vous envoyer un secours dont je me réserve de fixer le chiffre. » Quelle condition ·mettiez-vous au secours promis? aucune; d'où vient donc que M. le vicaire-général vient changer l'état de la question? Oh! que je reconnais bien dans la lettre du 17 juillet, l'implacable ennemi qui, depuis si longtemps, me poursuit de sa haine! C'est toujours le même. Malheureusement le sérieux, dans la lettre de votre grand-vicaire, touche de trop près au comique et au burlesque pour ne pas exciter l'hilarité.

Oui, Monseigneur, lisez le dernier alinéa de cette singulière lettre et jugez. Est-ce le climat ou la dignité qui éclaire à ce point, les intelligences? toujours est-il qu'un esprit supérieur pouvait seul s'élever jusqu'au hautes conceptions que décèle cette réflexion : « Du reste, vous ne paraissez pas être pressé par le besoin d'argent, puisque vous annoncez de quitter la ville éternelle et de rentrer dans le diocèse. » Qui eût jamais cru qu'un prêtre dépouillé de tout, privé de tout secours pen-plus de douze ans, mais qui a reçu, en deux fois, en treize ans, trois cents francs d'un Evêché, puisse paraître avoir besoin d'argent? s'il manifeste le désir de rentrer dans son pays et de revenir dans son diocèse, n'est-ce pas une preuve frappante qu'il est richissime? peut-on en douter, surtout s'il habite Rome? Le pactole ne coûte-t-il pas dans la ville éternelle? les étrangers ne sont-ils pas logés *gratis pro deo?* ne sont-ils pas nourris pour rien? ne sont-ils pas défrayés en tout et partout par la munificence du peuple-roi?

Rome est une vraie Californie et un pays de cocagne; là, la manne tombe tous les matins, et les cailles (entendez-le bien), les cailles tombent toutes rôties, et un pauvre prêtre a le bonheur de s'élever jusqu'aux nues, sept fois par jour, pour jouir des concerts des anges. Sainte Madeleine, dit-on, était portée par les anges pour jouir de cette félicité, tandis que le prêtre est obligé de demander à ses jambes, à 70, ans le même service; mais à part ce léger inconvénient, le résultat est le même. Et c'est de cet Eldorado, que nous avons regretté, comme les Hébreux. les oignons de l'Egypte, que nous avons pris la malheureuse résolution de rentrer dans notre pauvre France et de revenir au milieu des parents, des amis que la mort a épargnés jusqu'ici! Y pensons-nous! Mais aussi, pourquoi le génie transcendant d'un vicaire-général n'est-il pas venu nous éclairer plus tôt? pourquoi ne nous a t il pas appris que l'on vit mieux et à meilleur compte à l'étranger qu'au sein de ses parents et de ses amis? mais revenons à notre sujet.

Par sa lettre du 17 juillet, M. le vicaire-général nie formellement les promesses faites par son évêque; et vous, Monseigneur, avez-vous tenu ce que vous aviez promis? Dans votre lettre du 28 décembre 1876, vous me proposez trois positions distinctes : la première, c.lebret et faible secours, si je m'établis définitivement à Rome ou ailleurs ; la deuxième, celebret et poste quelconque, si je fais une rétractation et si je demande pardon, grâce et miséricorde, sans rétractation, pas de poste, pas de secours, mais celebret; la troisième, défense de célébrer dans tout l'arrondissement de Brignoles, par décision de votre aimable prédécesseur, d'heureuse mémoire. Il va sans dire que cette suspense aurait lieu, même après une rétractation de ma part et une amende honorable en règle. Voilà, Monseigneur, la position que Votre Grandeur m'a faite, libre à moi de choisir. Voyons maintenant comment vous avez tenu votre parole.

Vers la fin septembre 1877, je rentre en France et dans le diocèse. Votre Grandeur, instruite par un curé selon son cœur, de mon arrivée dans le diocèse et à Aups, arrondissement de Draguignan, lance un télégramme avec ces mots significatifs : « Celebret nul, tant que l'abbé Reynoard ne se sera pas présenté à l'Evêché. » Révoquer un celebret par un télégramme, c'est un peu fort! reste à savoir si l'Eglise reconnaît cet huissier-là. Oh! comme un habile canoniste ferait bien ressortir tout le ridicule et tout l'odieux d'une pareille mesure, et plaisanterait agréablement sur de pareils procédés! Et vous, Monseigneur, vous vous fâchez, vous me traitez d'impertinent, si j'ose demander à Votre Grandeur si Aups est maintenant dans l'arrondissement de Brignoles? ne pourrais-je pas vous accuser, avec bien plus de raison, de mauvaise foi et de parole violée? Voulez-vous savoir, Monseigneur, ce qu'on a dit et pensé de cette mesure en Italie? mais non, Monseigneur, non potestis portare modo; non, maintenant vous ne pourriez pas supporter la rude franchise avec laquelle on s'est exprimé par delà les monts.

« Votre évêque vous a télégraphié cela? ce n'est pas possible! Vous ne serez interdit ou suspens que pour Varages », me dit quelqu'un. « Oh! oui, ajoute un autre, vous serez bel et bien suspendu pour tout l'arrondissement de Brignoles. » —

« Vous n'y êtes pas, crie une voix cassée, j'ai dit et écrit que l'abbé Reynoard serait suspens seulement pour Varages. N'écoutez par votre vieil évêque et ses ordres d'outre-tombe. Vous devez faire un voyage, allez, et à votre retour, Monseigneur m'a écrit, vous pourrez chanter la messe même à Varages et faire ce qu'il vous plaira. »

Enfin nous nous rendons à Fréjus, nous avons l'honneur de nous présenter à notre évêque, qui nous signifie carrément qu'il n'y a pour nous ni *celebret*, ni secours, ni poste ; que nous devons nous engager expressément à quitter le diocèse et à nous fixer à Rome ou ailleurs, et que, dans ce cas même, nous ne pouvions obtenir un *celebret* et un insignifiant secours, qu'à la condition que nous ferions une rétractation formelle et expresse, signée de notre main, que nous demanderions pardon de notre conduite passée, et que nous ferions une humble amende honorable du crime que nous avons commis il y a treize ans, en manquant un peu de soumission à notre évêque, et en parlant d'une manière trop peu révérencieuse d'un grand-vicaire.

Ces paroles révoltantes d'un évêque ont fait sur moi l'effet d'une bombe. J'ai conservé toutefois assez de sang-froid pour demander à S. G. si, en faisant l'amende honorable exigée, je devrais me présenter, comme autrefois Barberousse, en chemise, les pieds nus, la corde au cou, et si S. G. aurait assez de bonté pour me mettre le pied sur la gorge ? Ma demande est restée sans réponse : ce qui m'a fait croire que le cérémonial serait au grand complet.

Cette histoire, rapportée textuellement, n'est-elle pas édifiante et capable d'attirer à un évêque toutes les sympathies et de changer la face de la terre ? De bonne foi, que faire dans ce choc d'opinions contraires ? que comprendre dans une pareille Babel ? Ai-je donc tort si, lorsqu'on me crie de l'Evêché ou d'ailleurs : « Petit, petit, » je laisse crier comme le chapon de la fable et je réponds à ceux qui me disent :

> « ... Vous n'êtes que racaille,
> « Sans esprit... Il t'attend ; est-tu sourd ?... »
> Je n'entends que trop bien ; mais que me veut-il dira ?
> Et ce beau cuisinier armé d'un grand couteau !
>   Reviendrais-tu pour cet appeau ?
>   Laisse-moi fuir ; cesse de rire
>   De l'indocilité qui me fait envoler
> Lorsque d'un ton si doux on s'en vient m'appeler.

Si tu voyais mettre à la broche
Tous les jours autant de faucons
Que j'y vois metre de chapons,
Tu ne me ferais pas un semblable reproche.

Si je pouvais encore me méprendre sur les intentions de mon évêque, j'entends un archevêque qui, faisant tout haut les plus belles promesses à un prêtre, disait tout bas : « Si je suis assez heureux pour obtenir un acte de rétraction de ce malheureux, je l'écraserai s'il ose remuer encore ! »

Vous voyez, Monseigneur, qu'on ne saurait trop se tenir sur ses gardes, même après les promesses les plus formelles d'un évêque et qu'on pourrait bien dire de lui ce que le poète dit des Grecs :

..... timéo Danaos et dona ferentes.

Aussi, qu'ai-je répondu quand Votre Grandeur m'a promis que mon acte de rétractation, signé de ma main, resterait secret et enseveli dans les cartons de l'Evêché? L'acte que vous exigez de moi est obligatoire, ce que je nie hautement; ou bien c'est un acte de surérogation et bon tout au plus à satisfaire les velléités de votre prédécesseur; dans ce cas, rien au monde ne pourra me porter à faire une démarche que l'honneur et la justice réprouvent.

D'ailleurs, à quoi bon faire un acte qui doit rester secret et être comme s'il n'était pas? Je sais bien que tout acte, extorqué par la violence des menaces ou par la séduction de feintes promesses, est nul de plein droit. N'importe cependant! je ne pourrais me résoudre à le faire.

Comment! votre prédécesseur me demande un acte que la conscience flétrit, que les lois de l'Eglise condamnent autant que la justice et le bon sens, et il veut que j'accepte la honte et l'infamie. Je refuse instinctivement d'acquiescer à de tels désirs et Votre Grandeur exige que j'accepte aveuglément ce qu'elle me propose, que je proteste, par conséquent, contre mon passé, que je rétracte ce que j'ai fait, que je chante enfin une triste palinodie? Oh! ne me parlez plus de rétraction. Mais, dites-moi : si l'honneur de l'épiscopat exige si impérieusement de ma part l'acte que vous réclamez, pourquoi m'avez-vous répondu trois fois par un refus, quand, par trois fois, j'ai demandé acte de votre déclaration? Cette attestation de votre part aurait prouvé aux plus incrédules que si je suis retombé de fait, sinon de

droit, sous une odieuse suspense, c'est parce que j'ai refusé de
faire un acte que l'honneur de l'épiscopat exige nécessairement.
Vous préférez frapper vos victimes dans l'ombre, lancer la
pierre et cacher le bras, de peur que vos œuvres ne viennent
au grand jour et ne soient jugées pour ce qu'elles valent; je
vois par votre conduite que la vérité vous fait peur; je sais où
le bat vous blesse, et les dommages-intérêts que je réclame
vous épouvantent. Faites ce que vous voudrez : c'est en vain
que vous voulez éviter l'un et l'autre. La flétrissure qu'a méritée votre prédécesseur est désormais ineffaçable; ma voix ne
cessera de faire entendre ses justes réclamations, et les mesures
sont prises, Monseigneur, pour que ma voix puisse avoir un
écho; voilà pourquoi vous insistez tant pour avoir une rétractation qui anéantirait l'un et l'autre; et vous êtes si peu sûr de
la légimité de vos exigeances, que vous redoutez d'apposer
votre signature au bas d'une pièce aussi inique et aussi ignoble;
vous prévoyez aussi tout le parti que l'on pourrait tirer contre
vous d'un acte pareil. Nanti de cette pièce, je pourrais, sans
rougir, montrer la vraie cause de la triste position qui m'est
faite; mais, avouez-le, Monseigneur, par votre refus, ne mettez-
vous pas le comble à l'ignominie d'un Evêché, qui n'ose produire au grand jour, et pour cause, les actes qu'il ne redoute
pas de commettre en secret!

L'ÉVÊQUE. — Et encore, dans ce cas, n'espérez jamais
un poste équivalent à celui de Varages.

LE PRÊTRE. — Vos paroles, Monseigneur, me prouvent une
fois de plus, à priori, que vous ignorez ou que vous feignez
d'ignorer comme votre prédécesseur, les lois de la décence et
de la justice qui régissent l'Eglise de Jésus-Christ. Je le dirai
donc et puissai-je être entendu par les prêtres et les fidèles du
diocèse : « Le prêtre peut tomber, dit le Droit, mais il ne peut
reculer. » Il tombe, s'il commet volontairement et sciemment
un crime qui le fasse déchoir de sa position; hors de là, « il ne
doit pas passer d'une paroisse plus grande à une paroisse plus
petite ». En cela, la loi de l'Eglise est conforme aux règlements
qui régissent toute société bien ordonnée. Ainsi, par exemple,

un capitaine ne peut redevenir simple soldat, à moins qu'il ne soit dégradé pour un crime, par un jugement rendu selon les formes, par un conseil de guerre. « Un évêque, dit encore le Droit, peut seul élever un prêtre aux honneurs; mais seul il ne peut le faire déchoir de son rang. » Agir comme vous agissez et faire ce que vous dites, Monseigneur, c'est agir et parler en despote et en tyran, disait le Concile de Sardique; mais vous n'agissez et vous ne parlez ni en apôtre, ni en ministre de Jésus-Christ.

Voici, Monseigneur, ce que disait aussi un Concile de Tolède : « Si un évêque, un prêtre ou un diacre est injustement privé de son grade, et qu'il soit reconnu innocent par un autre Concile, il ne peut redevenir ce qu'il était, à moins qu'il ne reçoive les grades qu'il avait perdus, et cela devant l'autel, par la main des évêques. » Voulez-vous savoir maintenant ce que pensait saint Bernard sur la même question? Écoutons ce que ce grand docteur écrivait à l'abbé Guiton : « Je vous rapporterai, lui disait-il, un exemple qui m'est arrivé à moi-même : Un jour, un frère me contraria et excita mon courroux à tel point, que je lui dis, les yeux irrités et le visage en colère : sortez du cloître! Ce malheureux sortit aussitôt et se retira dans une de nos granges. Apprenant cela, je fis appeler le frère, et il répondit « qu'il ne retournerait point, à moins qu'il ne rentrât dans son poste, non comme fugitif, mais comme quelqu'un qui avait été banni inconsidérément, prétendant qu'il ne devait pas subir, à son retour, un jugement, attendu qu'il avait été expulsé illégalement ». Je pensais à cette réponse et à ma conduite; et, craignant les effets d'un jugement trop charnel de ma part, je laissai à l'assemblée des frères, le soin de décider l'affaire, et, en mon absence, il fut arrêté que la réception de ce frère ne serait pas soumise à un jugement régulier, vu qu'il constait que son expulsion s'était faite irrégulièrement. » Si donc, en cette circonstance, on a mis tant de pitié, que ne doit-on pas faire dans la présente?

Un frère lai, un moine de Clairvaux, a pû avoir assez de fierté pour ne pas déchoir de son état sans raison, et un prêtre se respecterait assez peu pour subir une honte? Saint Bernard avait assez de raison pour faire droit à un frère, et Mgr Terris n'aurait ni assez de raison, ni assez de justice pour comprendre ce que c'est que l'honneur sacerdotal? Je ne le crois pas.

L'ÉVÊQUE. — Souvenez-vous, en outre, que, conformément à la défense faite par mon vénéré prédécesseur, si
vous revenez dans le diocèse, vous n'aurez pas le droit
de célébrer dans l'arrondissement de Brignoles.

LE PRÊTRE. — Que voulez-vous dire Monseigneur? je ne vous
comprends pas plus que si vous me parliez hébreu ou indou,
ou la langue qu'on parlait à Babel! Je dois dire aussi que je ne
sais pas plus ce qui s'est passé ou ce qui s'est dit à Fréjus, que
ce qui s'est fait à la cour de Pékin.

Est-il, possible, Monseigneur, que vous puissiez débiter de
pareilles absurdités? Comment voulez-vous que je me souvienne de tous les songes creux qui ont passé par la tête de
votre prédécesseur? comment puis-je me souvenir d'une défense
qui n'a jamais existé, non jamais? Votre prédécesseur a pû
statuer, dans ses rêves de vengeance et dans l'exaltation de son
imagination, que jamais l'abbé Reynoard ne pourrait célébrer
dans l'arrondissement de Brignoles. Il aurait pû même user de
restriction mentale quand il m'a envoyé un *celebret* à Rome;
il pouvait faire plus : il pouvait déclarer qu'il n'entendait pas
se départir des voies de rigueur qu'il s'était promises. Oui, il
pouvait faire tout cela, et alors la Sacrée-Congrégation aurait
statué. Mais votre prédécesseur a-t-il fait tout ce qu'il pouvait
faire? a-t-il même manifesté tout ce qui se passait en lui.
Jamais! Votre prédécesseur parle, il est vrai, de l'exclusion de
Varages dans une de ses lettres, mais de Varages seulement.
Or, comme Varages n'est pas tout l'arrondissement, j'avais le
droit de conclure que la défense de célébrer n'était que pour
Varages, désigné nommément, puisque *odia sunt restringenda*.

Je vais plus loin, Monseigneur : D'après le droit canon, en
portant une censure contre moi, par le jugement du 10 juillet 1865, votre prédécesseur ne pouvait faire aucune exception
de lieu, et la peine était non-seulement pour Varages, mais
encore pour tout l'arrondissement, pour tout l'empire et pour
tout l'univers connu et inconnu! Mais, disons-le aussi : en me
délivrant un *celebret* pur et simple, votre prédécesseur a retiré
la suspense, et ce retrait de la suspense est pour tout le monde,
pour toute la France, pour tout le département, pour tout
l'arrondissement, et pour Varages même. La suspense, de sa
nature, est ou elle n'est pas; et, si la suspense n'existe plus ni
en fait, ni en droit, je dois être libre de célébrer partout, à

moins toutefois que je n'encoure une nouvelle suspense, par un crime volontaire, régulièrement constaté, et cette nouvelle suspense ne pourrait pas plus être partielle que l'ancienne : elle devrait être complète et entière. En fait de suspense, ou tout, ou rien : il n'y a pas de milieu.

La suspense fulminée par votre prédécesseur a donc été retirée, annulée par l'envoi du *celebret* que votre prédécesseur m'a expédié à Rome. Mais, il faut le dire aussi, cette suspense est tombée encore par la démission de votre prédécesseur. Et ici, Monseigneur, le droit est exprès : toute suspense cesse et devient nulle à la mort, à la démission ou au transfert à un autre Evêché de celui qui l'avait fulminée. Et vous, Monseigneur, vous voulez que je me souvienne d'une défense qui n'a jamais été faite, ou du moins qui ne m'a jamais été manifestée, que je dois surtout ignorer; d'une défense devenue nulle par la délivrance d'un *celebret* pur simple et sans condition; d'une défense annulée d'ailleurs par la démission de votre prédécesseur? Oh! cette prétention, avouez-le, Monseigneur, dépasse les bornes d'une bonne plaisanterie, et vous me permettrez de ne pas me souvenir d'une chose que je n'ai jamais connue et que je ne connaîtrai jamais.

L'ÉVÊQUE. — Si vous revenez dans le diocèse,

LE PRÊTRE. — Où voulez-vous donc que j'aille? en Chine ou dans la lune? ne savez-vous pas ce que dit un poête :

> À tous les cœurs bien nés, que la patrie est chère!

Combien de malheureux meurent tous les jours du mal du pays? Je me souviendrai toujours d'un pauvre soldat qui s'éteignait lentement dans un hôpital, dévoré par une insurmontable nostalgie. Un jour enfin les barrières tombent; les chemins sont ouverts et on annonce à cet infortuné militaire qu'il pourra bientôt revoir sa chaumière et sa vieille mère; cette nouvelle inespérée trouble cette âme naïve, un rire indicible le suit et il meurt ! La joie de revoir son pays l'avait tué.

La suspense est levée; les chemins de la France sont libres; Rome n'a pu me condamner; la joie que me cause cette nouvelle ne me tuera pas plus que la douleur que m'avait causée la

violence qui m'avait arraché à mon pays, pour me jeter sans
secours sur une terre étrangère, et vous voulez que j'hésite ?
Comment ! vous voulez que je me fixe à Rome ? A ma place,
Monseigneur, balanceriez-vous de rentrer dans votre pays, vous
qui n'avez eu que huit jours de patience ? Non, sans doute. Je
ferai donc ce que vous feriez vous-même, et je crois suivre en
cela les impulsions naturelles à l'homme. L'arbre des montagnes s'étiole et meurt s'il est transplanté dans nos plaines, et
l'homme peut-il s'empêcher de soupirer après les lieux qui lui
ont donné le jour.

Mais ce « souvenez-vous » me donne un furieux tintoin. Est-ce
sérieusement que Votre Grandeur penserait à faire revivre une
suspense doublement éteinte ? le pouvez-vous, Monseigneur ?
Qu'un évêque dont le cerveau ramolli commence à se troubler ;
qu'un evêque qui confond, assez mal à propos, la suspense avec
l'interdit, veuille épiloguer et abuser encore, après sa démission, d'un pouvoir échappé de ses mains, je le comprends. Je
conçois très-bien qu'un évêque démissionnaire rêve, en plein
jour, qu'il est encore dans tout l'attrait de sa puissance, et armé
du pouvoir formidable qu'il avait, se laisse aller à l'entraine-
ment de ses idées ; il fait mal : car il est tenu même de savoir
ce qu'il fait, alors surtout qu'il s'agit d'une chose aussi sérieuse
que l'honneur et le repos d'un prêtre ; je ne puis concevoir
cependant qu'il veuille aggraver, par des efforts posthumes, des
châtiments qu'il avait multipliés outre-mesure. Mais vous,
Monseigneur, vous voudriez suivre les errements de votre prédécesseur ! vous voudriez marcher sur les brisées d'un évêque
assez mal avisé, assez passionné pour condamner un prêtre
innocent, pour le sacrifier à un faussaire, pour fouler aux pieds
les lois de la justice ! vous voudriez exécuter les ordres d'un
mort ! Comment ! sans raisons plausibles, vous voudriez me
placer dans l'alternative horrible de renoncer pour toujours à
l'honneur du sacerdoce, à la vie sacerdotale, si le besoin ou
l'amour du pays me force à revenir dans ma patrie, ou de
renoncer pour toujours à mon pays, pour aller traîner en pays
étranger, une vie pleine d'angoisses et de misères !

Voyez donc la position désespérée que vous faites à un
prêtre ! car enfin, je le répète : puis-je accepter de gaieté de
cœur et sans protestation aucune, l'exil que vous m'imposez,
c'est-à-dire la honte, le déshonneur ! Savez-vous bien à qui vous
vous adressez pour intimer des ordres aussi honteux que

cruels? non, Monseigneur, vous ne le savez pas et je dois vous
le dire : Je suis né sous le même toit que Louis de Toulouse a
sanctifié par sa naissance et son dernier soupir ; à deux ans, j'ai
été sauvé deux fois providentiellement d'une mort certaine ; j'ai
sucé le lait d'une mère confesseur de la foi en 93 ; plus coura-
geuse que les prêtres de la paroisse, elle ne rougit pas, devant
les hommes, du vicaire du Christ, et me fait bénir, à trois ans,
par Pie VII revenant à Rome ; S. S. Pie IX, d'heureuse
mémoire, me bénissait en 1858, au commencement de mes
épreuves ; en 1875, 1876 et 1877, il me bénissait aussi. Enfin
un songe mystérieux se présente le 5 juin, jour anniversaire de
la consécration générale au Sacré-Cœur de Jésus, jour anniversaire aussi de ma première messe après mon interdit, et le
21 juin, l'explication du rêve arrive, et je me sens pressé de
m'écrier : Qui que tu sois, qui viens à mon secours, sois béni,
et dis moi qui tu es, afin que je puisse te remercier de l'assis-
tance que tu me donnes !

Je ne me suis donc pas trompé, Monseigneur, ou, du moins,
si. je me suis trompé, « c'est Dieu qui m'a induit en erreur »,
dirai-je avec saint Augustin. Parler de la sorte, Monseigneur,
c'est vous dévoiler toute ma pensée, et je vous dirai pour conclure ce chapitre, ce que Louise de Prusse écrivait à son père
Guillaume III : « Je crois en Dieu, mais je ne crois pas à la
force ; la justice seule est stable. Ne nous abusons donc pas sur
le triomphe de la force : il est inique, il serait caduc de conclure de la force à la justice du coup ; vivre de sel et de pain,
mais dans le droit chemin, ne m'effraie pas ; tous les évènements ne sont pas des résultats à accepter, mais de mauvais pas
à franchir. »

Concluons : Ni menaces, ni promesses, ne pourront me
détourner de la voie que j'ai suivie, après les plus mûres et les
plus sérieuses réflexions. Je serai inflexible dans l'obéissance
que je dois aux lois de l'Eglise et de la justice ; mais je soutiendrai mes droits de prêtre avec toute l'énergie et la confiance
que réclame la défense d'une cause si belle.

L'ÉVÊQUE. — Si je ne mentionne pas cette restriction
dans le *celebret* lui-même, vous comprenez que c'est

pour ne pas vous exposer à des humiliations dans les autres lieux.

LE PRÊTRE. — Vous avez tort, Monseigneur ; vous deviez mentionner cette restriction dans le *celebret* lui-même. Vous deviez, de plus, exposer en détail les motifs qui avaient déterminé cette mesure, les motifs vrais, entendons-nous, et alors tout le monde aurait vu clairement jusqu'où peuvent aller la bonté et la prudence épiscopales. Croyez-moi, Monseigneur, le public serait grandement édifié de voir un évêque se vautrer volontairement dans le bourbier du ressentiment et de la haine. Mais non, Monseigneur, vous avez très-bien fait de ne pas mentionner cette restriction dans le *celebret* lui-même, parce que vous avez prévu, sans doute, l'usage peu respectueux que l'on aurait pù faire d'une pareille pièce. Et puis, Monseigneur, dites-moi : pourquoi et comment cette clause aurait-elle été plus humiliante pour moi ? n'est-ce pas pour vous qu'elle aurait été plus humiliante ? Par le fait, le public pourrait-il concevoir qu'un prêtre, qui a partout le droit de célébrer le saint sacrifice, de s'acquitter des fonctions du saint ministère, puisse être empêché par son évêque, de célébrer les saints mystères dans son pays, sur la tombe de ses pères, de ses amis ? qu'un prêtre qui peut baptiser tout le monde et marier tous ceux qui ont recours à son obligeance, ne puisse pas baptiser un neveu, ni marier un ami, sans lui imposer l'obligation d'aller faire ses noces à dix ou vingt lieues de son pays ? Vous avez compris, Monseigneur, tout l'odieux d'une pareille restriction dans le *celebret* lui-même, et vous ne l'avez pas mentionnée ; et, par cette sage réserve, vous vous êtes soustrait aux coups de la malveillance : c'est bien, Monseigneur, merci plus pour vous que pour moi !

Vous craigniez, dites-vous, de « m'exposer à des humiliations dans les autres pays ? » Oh ! Monseigneur, permettez-moi de vous dire que je ne suis pas dupe de vos paroles et des calculs de Votre Grandeur. Aussi, que vous le vouliez ou non, je veux crier sur le toit ce que Votre Grandeur me dit dans le secret d'une lettre. Vous rirez de mes goûts, Monseigneur, mais que voulez-vous, c'est ainsi. Oui, Monseigneur, vous ne voulez pas mentionner cette restriction dans le *celebret* lui-même, pour ne pas « m'exposer à des humiliations dans les autres pays »; et moi je veux publier ma honte et mon opprobre; je

veux manifester à tout le monde les sages mesures que vous
prenez à mon égard ; je veux que le public sache où va votre
charité envers moi, et exposer à tous la cause vraie de la position déplorable que vous faites à un pauvre prêtre, que vous
livrez gratuitement et si gravement à la risée du public ; et,
soyez en certain, Monseigneur, le public, une fois instruit de
l'état réel du prêtre, cessera de l'insulter, de le mépriser et
tournera toute son indignation contre ceux qui sont véritablement la cause de l'avilissement du clergé, de l'extinction de la
foi et du mépris de la religion qui envahit tout le corps social.
La manière monstrueuse dont la charité chrétienne est pratiquée en hauts lieux et la justice qui dirige vos actes, amène-
ront une réaction salutaire qui sauvera le monde.

TREIZIÈME ENTRETIEN

L'ÉVÊQUE. — Et maintenant, mon pauvre abbé,

LE PRÊTRE. — Oh ! oh ! Monseigneur, je suis maintenant votre
pauvre abbé ? Ah ! vous m'avez assez couvert d'ordures pour avoir
acquis le droit de me plaindre un tant soit peu. Appelez-moi
donc « votre pauvre abbé » si vous voulez. Oui, je suis pauvre,
et d'autant plus pauvre, que, sans m'en douter, j'ai pû attirer
sur moi tout le ressentiment et toutes les foudres d'un évêque
que je n'ai jamais offensé, et que, de plus, j'ai tourné contre
moi toute la morgue, tous les mépris et tous les sarcasmes d'un
évêque que je n'avais pas même vu, et que je n'ai connu que
pour recevoir de sa main les blessures les plus graves, que pour
être souffleté de ses deux mains. De grâce donc, appelez-moi
« votre pauvre abbé », mais ne m'appelez plus « votre cher
abbé », je vous en supplie. Oui, Monseigneur, je vous le
demande en grâce, supprimez désormais le mot de « cher abbé »
que vous me donnez sans doute par ironie, et n'ajoutez pas l'in-
sulte à l'outrage.

Je vois à la conduite d'une poule, si les poussins lui sont chers. Cet enfant qu'une lionne enlevait, à Lisbonne, à la tendresse maternelle, était cher à sa mère, et je le reconnais aux transports avec lesquels cette mère va réclamer d'une bête féroce l'enfant qu'elle aimait ; je le vois à la conduite du père de l'Enfant Prodigue et du Bon Pasteur de l'Évangile. Un pasteur qui donne sa vie pour son troupeau, aime ses ouailles. Mais vous, Monseigneur, à quel titre voulez-vous que je reconnaisse que je suis « votre cher abbé ». — « La bonté doit se prouver par des actes et non par de vaines paroles », dit un saint Père.

Je vous dispense aussi de la peine que vous vous êtes donnée, dites-vous, pour demander à Dieu qu'il daigne éclairer ce que vous appelez mon aveuglement : cette prière est inutile, puisqu'elle n'a pas d'objet. Car enfin, Monseigneur, de quel aveuglement voulez-vous parler ? Y a-t-il aveuglement, je vous le demande, à désirer des juges, à vouloir être entendu, défendu et jugé dans ma cause ? y a-t-il aveuglement à ne pas vouloir consentir à être condamné à une peine à laquelle nulle sentence ne m'a soumis ? Ah ! plutôt, Monseigneur, demandez à Dieu qu'il daigne briser enfin les dures chaînes qu'un zèle aveugle a forgées et que vous ne travaillez que trop à fortifier encore ; demandez aussi à Dieu qu'il veuille enfin déchirer le voile épais que la justice divine a jeté sur les yeux de votre prédécesseur, pour le dérouter et le forcer enfin à quitter un diocèse qu'il a rempli de tant de troubles et de misères. Vos prières alors ne seront pas sans objet, et, si le Seigneur daigne écouter vos supplications, nous verrons *la justice et la vérité se donner le baiser de paix.*

L'ÉVÈQUE. — Croyez en votre évêque qui, personnellement, ne peut rien avoir contre vous :

LE PRÊTRE. — Jamais, Monseigneur, Votre Grandeur ne dira une plus grande vérité. Quant à la confiance que vous paraissez réclamer de ma part, puis-je vous l'accorder aveuglément ? je touche les mains et les bras d'Esaü, c'est vrai ; mais la voix n'est-elle pas toujours la voix de Jacob, *de celui qui supplante*

ses frères? Que m'importe, Monseigneur, que Votre Grandeur
m'assure qu'elle ne peut rien avoir personnellement contre
moi, si, de fait, vous n'êtes que la doublure, le plastron, *l'alter ego*, et, en un mot, l'exécuteur des hautes-œuvres de votre
prédécesseur? c'est lui qui parle par votre bouche, lui qui
inspire vos résolutions extrêmes, lui qui prépare et formule les
arrêts que vous lancez contre moi, lui qui vous pousse dans les
voies de persécutions, lui, enfin, qui vous entraîne dans un
abîme.

Je ne prétends pas faire ici la loi à mon évêque, je me gar-
derais bien de prétendre lui donner des leçons; oh! non, loin
de moi cette folle prétention; je crois cependant que la position que vous me faites peut m'autoriser à dire à Votre Grandeur ce que nous dit l'Évangile : *Si un aveugle conduit un
autre aveugle, ils tomberont tous les deux daus la fosse.* Prenez
garde, Monseigneur, l'abîme où votre prédécesseur s'est jeté
malheureusement est encore béant; vous êtes sur le bord d'un
précipice, le terrain est glissant, et une chaîne dure et serrée
vous lie à votre prédécesseur; dès lors ne craignez-vous pas de
tomber dans l'abîme et d'y suivre jusqu'au fond celui que vous
avez pris pour votre guide et pour votre conseiller?

Saint Adalbert, évêque de Presbourg, se garda bien de suivre
les traces de son vénéré prédécesseur; aussi allait-il se reposer
au ciel dans le sein d'Abraham; tandis que le prédécesseur,
pour avoir trop aimé la gloire, la bonne chère et l'autorité,
mourait en désespéré, et allait partager dans l'abîme les tourments du mauvais riche de l'Évangile.

« *Spiritualis homo*, dit saint Bernard, *omne opus triná consi-
deratione præveniat : primum quidem, an liceat; deinde, an
deceat; postremo, en expediat. Non minus despecti quam elati
animi est, veluti expertem rationis non pro ratione, sed pro
libitu agere. Quid tam bestiale, ac tam indignum cuivis utenti
ratione vivere, ut pecus?* »

L'ÉVÊQUE. — L'orgueil vous a égaré,

LE PRÊTRE. — L'orgueil m'a égaré! Oh! non, Monseigneur,
non, l'orgueil n'a rien à voir dans cette affaire, pas plus que

dans les autres circonstances de ma vie. Par le fait, quelles prétentions ai-je jamais affichées? quelles positions ai-je sollicitées? quelles distinctions ai-je ambitionnées? quand est-ce qu'on m'a vu hanter les antichambres des grands de la terre? quand est-ce qu'on m'a dit, dans les bureaux d'un ministère : « Holà! hé! venez-vous chercher une mitre? » quand est-ce que mon évêque, fatigué, obsédé de mes demandes, a répondu à mes indiscrétions par ces paroles significatives : « Allez, allez, vous avez assez d'ambition pour arriver à tout! »

Dieu m'est témoin, Monseigneur, que je n'ai jamais rien demandé à mon évêque. Me regardant toujours comme indigne de toute faveur, et *n'ayant jamais rien fait pour le diocèse,* je me serais bien gardé de solliciter la moindre grâce de mon Evêché. Je dirai plus : jamais je n'ai sali les escaliers du palais de mon évêque pour aller implorer sa bienveillance ou pour aller faire la chronique scandaleuse du diocèse; mais je dois le dire aussi, je défendrai toujours mes droits de citoyen et de prêtre par tous les moyens possibles et permis. Est-ce là, Monseigneur, ce que vous appelez orgueil? Pour moi (et je ne serai pas seul de cet avis), je ne vois dans une pareille conduite, que rectitude de jugement, amour de la justice, du droit, de la vérité et de la liberté des vrais enfants de Dieu. « *Tace,* me dites-vous avec Isaïe, *superbia tantum est.* » Non, Monseigneur, il n'y a pas d'orgueil dans mes paroles. Je le dirai donc, au risque de déplaire à Votre Grandeur : il faut vraiment vivre au temps de décadence où nous sommes, pour appeler orgueil ce que les Grégoire le Grand, les Léon, les Alexandre et tous les plus grands pontifes qui ont gouverné l'Eglise de Jésus-Christ, sans en excepter Grégoire XVI et Pie IX, d'heureuse mémoire, ont appelé une *louable fermeté.* A votre avis, saint Paul, l'apôtre des nations, serait le plus orgueilleux des hommes, lui qui osait résister à saint Pierre, qui disait aux Licteurs : *Comment! on m'a mis publiquement en prison, moi citoyen romain; on m'a battu de verges sans jugement, et maintenant on veut me faire sortir secrètement de prison? Il n'en sera point ainsi; non, vos chefs viendront eux-mêmes me délivrer!* ce qui fut fait. Ce que Votre Grandeur appelle orgueil, n'est donc que le sentiment de la dignité humaine, le sentiment de la justice et du droit violés.

L'ÉVÊQUE. — L'entêtement vous perdrait sans ressource.

LE PRÊTRE. — Encore l'entêtement! Est-ce que vous n'avez pas épuisé le vocabulaire de vos reproches? L'entêtement! mais où le voyez-vous, s'il vous plait? Un faux-frère, un jour, me proposait sérieusement le double exemple de Fénélon et de Lamennais, et m'engageait, me pressait même de suivre l'exemple de l'un et d'éviter la conduite de l'autre. En me proposant ces exemples, le trop fougueux confrère oubliait une chose : c'est que Fénélon et Lamennais avaient été condamnés à Rome; aussi nous versons des larmes amères sur la fin déplorable de l'un, et nous applaudissons à la soumission exemplaire de l'autre aux décisions de notre mère l'Eglise, et notre jugement est juste, puisque Rome a parlé. Vienne donc un jugement de Rome sur mon affaire, je verrai alors ce qui me reste à faire, et l'on pourra voir, par ma conduite, si je ressemble aux Fénélon ou aux Lamennais, mais, de grâce, que personne ne se permette de me juger, ni de me condamner avant que Rome ait parlé. Et si Rome, mère et racine de toutes les Eglises; si Rome, colonne et fondement de la vérité, ne peut pas ou ne veut pas me condamner, personne n'a le droit de me dire : Vous n'écoutez pas l'Eglise : nous sommes *forcés de vous regarder comme un publicain et un payen.* »

D'ailleurs, Monseigneur, qu'appelez-vous entêtement? est-ce la persévérance que j'ai mise à demander des juges? Comment! je suis broyé sous le presssoir du plus violent arbitraire, dépouillé de tout, privé de tout, même de célébrer les saints mystères, sous prétexte qu'un vieil évêque tombé dans l'enfance l'a ainsi décidé; je suis froissé dans mes plus précieux intérêts de citoyen, de chrétien et de prêtre; je demande à l'Eglise la justice que les tribunaux civils ne refusent pas même aux plus grands criminels, pris en flagrant délit, et l'Eglise se tait et n'ose prononcer : j'insiste, et l'Eglise n'ose ni me condamner, ni m'absoudre, et, parce que je demande à être enfin jugé, il se trouvera un évêque pour me faire un crime de ce que je ne veux pas être condamné sans avoir été jugé? Que craignez-vous donc et que redoute votre prédécesseur? est-ce que l'innocence triomphe enfin de l'arbitraire? Quoi? vous vous croyez innocent, et vous ne redoutez rien tant que les jugements de l'Eglise; l'entêtement que vous mettez à soustraire vos actes au jugement de Rome, ne prouve-t-il pas que vous n'êtes pas sûr d'avoir bien agi. *Celui qui fait le mal, hait la lumière*, dit saint Jean, *de peur que ses œuvres ne soient réprimandées, parce quelles sont mauvaises.*

Que dis-je, Monseigneur? tous mes agents, au dire de certaines personnes, ne sont que des âmes vénales; mes avocats des hommes d'argent, indignes de confiance, que la Sacrée-Congrégation finira par ne plus écouter, ni même recevoir; mes amis, des faux-frères et des imposteurs. Il n'y a au monde que votre prédécesseur, vous et vos flagorneurs qui méritent d'être écoutés; personne sur la terre qui dise la vérité, qui soit dans le vrai, que votre prédécesseur et vous.

L'ÉVÊQUE. — Le bercail vous est encore ouvert;

LE PRÊTRE. — Pour y entrer ou pour en sortir? Ma demande n'est pas indiscrète, Monseigneur. Si le bercail est encore ouvert, Monseigneur, ce n'est pas pour en sortir, oh! non, je sais trop ce qu'a souffert l'enfant·prodigue depuis qu'il eut sorti du bercail paternel, pour être tenté de suivre son exemple; et je vous assure, Monseigneur, que je ne me serais jamais passé la fantaisie de cet étourdi dont parle l'Evangile. Un jour il est vrai, je suis sorti du bercail; mais croyez-le bien, Monseigneur, ce n'est pas ma faute, et je sais trop bien le danger que court une brebis qui abandonne le bercail, pour oser tenter une pareille mésaventure. Quoiqu'il en soit, je me suis vu hors de la bergerie; mais, depuis un certain temps, j'y suis rentré, en vertu d'un *celebret* accordé par votre prédécesseur. Je suis donc dans le bercail, et peu m'importe que la porte en soit ouverte ou fermée, puisque je ne veux plus en sortir. Je suis donc rentré dans le bercail, après dix années d'épreuves les plus dures, de souffrances les plus inouïes, et il est évident que je ne puis y rentrer, puisque j'y suis. Pourquoi donc Votre Grandeur vient-elle me dire : « Le bercail vous est encore ouvert? » Vos paroles seraient-elles une menace et seriez-vous disposé, vous aussi, à me chasser du bercail, afin de vous procurer l'ineffable consolation de m'y faire rentrer? pourquoi pas?

L'ÉVÊQUE. — Rentrez-y par la porte de l'humilité ·

LE PRÊTRE. — Ah! j'étais si bien! j'étais si content! il faut, donc sortir de nouveau du bercail! Et pourquoi? pour y rentrer par la porte de l'humilité! Où est cette porte et comment est-elle, s'il vous plaît? Me serais-je donc trompé quand je suis revenu dans le bercail? Je dois le croire, Monseigneur, puis-que Votre Grandeur me parle de cette manière, et, dans ce cas, je vous prie de m'excuser si j'ai fait erreur. Cependant je dois le dire : je ne sais si je suis rentré par la porte de l'humi-lité ou non; ce qui est certain, c'est que je ne suis pas *rentré dans le bercail par une fenêtre*, comme le mercenaire de l'Evan-gile, mais par une vraie porte; et cette porte n'était pas du tout une porte cochère, ni un grand portique orné d'architectures, Ouf! si vous saviez, je suis rentré dans le bercail par une porte bien étroite et bien difficile; oui Monseigneur, il a fallu me presser, me traîner sur le ventre, comme un serpent, me blesser partout le corps pour parvenir à rentrer. Je n'aurais dû rentrer dans le bercail que par un arc de triomphe, avec une réhabilitation pleine et entière, et je n'ai pù y arriver que par une porte étroite, basse et hérissée de pointes de rochers, comme le passage affreux qui conduisit un jour sainte Thérèse aux enfers; par une porte, en un mot, creusée par le bon vouloir d'un évêque. Or, vous savez, Monseigneur, combien ce bon vouloir est fantasque et capricieux. Aussi, vous ne serez pas étonné, Monseigneur, si je vous dis que je suis arrivé au bercail tout moulu, tout blessé, nu, demi-mort, et après avoir épuisé, pendant dix ans, la coupe des humiliations que votre vénéré prédécesseur m'avait préparée en bon père de famille et en bon pasteur. N'est-ce pas assez d'humiliations? il paraît que non, Monseigneur, puisque, d'après Votre Grandeur, l'épreuve est à recommencer.

L'ÉVÊQUE. — Et par cette soumission, qu'au beau jour de votre ordination vous promîtes à votre évêque.

LE PRÊTRE. — Oh! ici, Monseigneur, permettez-moi de vous dire toute ma pensée et de vous parler avec toute la franchise gauloise qui caractérise le vrai Français; je serai court et loyal, peut-être même un peu vif, mais il le faut bien, puisque vous tenez tant à ce que tout le monde, et mes confrères surtout, sachent enfin la vérité tout entière. Je ne suis, je le sais, ni chef, ni pilote sur la barque de Pierre; mais le moindre matelot n'est-il pas tenu à signaler l'écueil qui pourrait faire sombrer le navire?

Pendant de longues années, j'ai été assez simple, assez naïf pour taxer d'excentricité et même d'exagération les paroles qu'un prêtre vénérable, ancien missionnaire, homme puissant en paroles et en œuvres, prononçait un jour en pleine sacristie, en présence de prêtres nombreux. « Ah! disait-il, si j'avais su qu'au-delà du pas que j'ai fait, en recevant les ordres, il y avait tant de déceptions et de misères, jamais je n'aurais fait le pas du sous-diaconat! » Eh! moi aussi, Monseigneur, si j'avais su que je trouverais, dans le service des autels, tant de difficultés pour faire le bien, tant de tracasseries injustes, tant de duplicité, de hauteur et d'arbitraire dans mes supérieurs, tant d'injustice et de jalousie dans des confrères, aurais-je fait le pas du sous-diaconat? ah, combien de fois depuis, déconcerté par les peines, les difficultés, les dangers du saint ministère et les entraves qui venaient paralyser mes forces et anéantir les efforts de mon zèle; combien de fois, écrasé sous le poids d'une immense douleur, ne me suis-je pas écrié avec toute la véhémence de Job : périsse le jour où je suis devenu prêtre! périsse le jour où un évêque est venu m'imposer les mains! *n'aurait-il pas mieux valu pour moi que je ne fusse pas né, ou bien que je fusse mort en naissant?* je n'aurais pas connu tout ce qu'il y a d'amer dans la vie du prêtre. Je croyais, dans ma native simplicité, que le sacerdoce n'était qu'un combat contre le monde et l'enfer, une lutte à outrance contre la chair et le sang, une guerre contre soi-même. Qui eût jamais pensé que les plus grands obstacles du prêtre viendraient de l'Evêché? qui eût jamais cru que l'Eglise, à laquelle j'avais sacrifié parents, amis et tout, à laquelle j'avais donné ma vie, mon repos et mes aises, ne serait un jour pour moi qu'une implacable marâtre? Quand j'ai renoncé à tout, comme les apôtres, pour suivre Jésus-Christ; quand j'ai sacrifié mes goûts, mes plaisirs et toute mon existence, je croyais trouver une mère dans l'Eglise, des frères dans mes confrères, et surtout un père dans mon évêque; aussi, c'est de bon cœur que j'ai dit avec le prophète : *Le Seigneur*

est la part de mon héritage et c'est vous, Seigneur, qui me ren-
drez tout ce que j'ai sacrifié dans le monde! Oh! que mon sort
est beau et que mon héritage est précieux! Et, au bout de ma
carrière, je ne trouve que la honte, le mépris et le regret de
m'être trompé dans mes espérances.

Je me suis donc trompé! mais, que dis-je! non je ne me suis
pas trompé : c'est vous qui m'avez trompé, Monseigneur ;
il fallait me dire, alors que j'ai fait le pas du sous-diaconat
et que je suis devenu prêtre, que je cessais, dès ce moment,
d'être homme pour devenir une bête de somme, un automate,
un je ne sais quoi qui n'a plus de nom dans aucune langue ; il fallait me dire que, dès ce moment, vous pouviez, à
votre gré, *ad nutum*, comme vous dites, et selon votre bon
plaisir, votre caprice, sans jugement, sans raison, mais par
rancune, par emportement et par colère, m'avilir, me déshonorer aux yeux de tout un diocèse, me sacrifier en tout et à tout
venant, m'abreuver de honte, me rassasier d'opprobres et
m'infliger une mort civile mille fois plus horrible que celle
qui frappe le forçat. Libre à moi d'accepter ou de refuser la
position qui m'était offerte franchement et loyalement, et, le
sacrifice fait, je devenais votre homme-lige, votre cerf, votre
esclave, votre chose. Oui, mais, à cette condition, auriez-vous
un seul prêtre à sacrifier pour obtenir la faveur du tiers ou du
quart? si un prêtre savait tout le venin que cache le *promitto*
clérical, et surtout l'abus étrange que vous faites de ce mot, il
n'y aurait pas un seul ordinand qui ne reculât d'horreur, et
« vous seriez épouvanté de votre solitude », vous dirai-je avec
Tertulien.

Pour avoir donc un régiment à commander et pour le faire
marcher, vous semez des feuilles et des fleurs sur le piége que
vous tendez à une jeunesse inexpérimentée, et, trompé par de
beaux dehors, j'ai fait comme tant d'autres, le pas du sous-
diaconat ; en d'autres termes, le sacrifice entier et perpétuel de
moi-même au service de l'Eglise.

Je crois avoir tenu les engagements que j'ai pris, autant du
moins que la faiblesse humaine peut le permettre, mais vous,
Monseigneur, avez-vous tenu les engagements que vous avez
pris au nom de l'Eglise? Mais ici, Monseigneur, ai-je le droit
de me plaindre du pontife vénérable qui m'a imposé les mains?
puis-je reprocher à son digne successeur d'avoir manqué à ses
promesses? jamais! non jamais! et, si je n'avais jamais connu

d'autres supérieurs, j'éprouverais encore, après un demi-siècle, la joie du *dominus pars* de mon ordination.

Mais un jour, *des fils de perdition*, comme disait une circulaire du chapitre capitulaire du diocèse, des fils de perdition s'insurgèrent contre leur vénérable évêque, et le forcèrent à renoncer honteusement à son diocèse. Le saint pontife, dont le diocèse *n'etait pas digne*, s'en fut tristement, désolé de n'avoir pù faire tout le bien qu'il désirait. L'iniquité triomphait, il est vrai, mais le ciel indigné dit dans sa colère : *je vous donnerai dans ma fureur un chef digne de vous. Oui, je susciterai parmi vous un pasteur qui ne visitera point ce qui est abandonné, qui ne cherchera pas ce qui est dispersé, qui ne guérira pas ce qui est malade, qui ne nourrira pas ceux qui se portent bien, et qui fera fondre même les ongles,* dit le Seigneur par son prophète Zacharie. J'ai eu le malheur de ne pas signer l'expulsion de mon vénérable évêque, j'ai eu le grand tort d'aller le visiter dans son nouvel Evêché : *indè iræ,* de là les peines sans nombre qui depuis plus de vingt ans font de ma vie un long martyre.

« Il est d'un esprit petit et vain de ne pas chercher le bien de ceux qui lui sont soumis, mais son propre avantage. En agissant souvent de la sorte, c'est prouver que l'on a la plénitude du pouvoir ; mais pourrait-on en dire autant de la plénitude de la justice ? » (Saint Bernard.) En cherchant les intérêts de votre prédécesseur, en servant son ressentiment, si vous voulez, « vous agissez de la sorte, parce que vous le pouvez, mais le devez-vous ? voilà pourtant la question », dit saint Bernard.

L'EVÊQUE. — Il est temps d'effacer vos torts,

LE PRÊTRE. — Toute votre longue lettre, Monseigneur, n'est qu'un long sophisme, ou, si vous voulez, un enchaînement de sophismes, tous plus contraires au bon sens et à la saine logique.

Par le fait, Monseigneur, vous supposez ici encore ce qui est en question ; vous supposez toujours « que je suis absolument coupable », et, certes, c'est ce que j'ai nié toujours. Comment ! est-ce qu'un homme étranger, aussi nouveau à l'épiscopat qu'au pays, pourrait savoir mieux que moi ce que je suis et ce

qui s'est passé ? Examinez attentivement toutes les circonstances de ma cause, et vous serez forcément amené à des sentiments tout contraires. Quant à moi, je soutiens que non-seulement je ne suis pas coupable, mais j'affirme encore que, par
ma conduite, j'ai mérité les justes éloges que des supérieurs
moins prévenus que votre prédécesseur et vous, m'auraient
décernés et que j'avais mérités autant que bien d'autres que
vous avez récompensés pourtant, et à qui vous avez distribué
vos faveurs, vos camails et vos cures.

L'ÉVÊQUE. — Et de reparaître rajeuni, par le repentir,
au milieu de vos confrères,

LE PRÊTRE. — Encore ? Ce que j'ai fait, Monseigneur, je l'ai
fait sciemment, volontairement et après le plus sérieux examen,
après avoir longtemps pesé les avantages et les inconvénients
qui pourraient résulter de ma détermination. Ce que j'ai fait,
Monseigneur, je l'ai fait pour la défense du droit méconnu et
pour l'honneur du clergé. Parler de la sorte, c'est vous dire
clairement que mon sacrifice était fait par avance. Si j'ai été
blessé dans le combat que j'ai voulu soutenir, c'est parce que
j'ai donné tête baissée dans la mêlée, avec toute la résolution
et toute l'intrépidité d'un soldat qui, sans consulter ni le
nombre, ni la force de ses adversaires, se précipite au milieu
des rangs ennemis pour soutenir l'honneur de son drapeau et
exécuter la consigne qui lui est donnée.

Si j'avais le bonheur de reparaître au milieu de mes confrères, je n'aurais donc pas besoin de me rajeunir, ni de laver
la honte d'une faiblesse et d'une poltronnerie ; je tiendrais, au
contraire, à me montrer tel que je suis, et, sans doute, mes
bien-aimés confrères me retrouveraient tel que j'ai toujours
été ; ils verraient en moi le même zèle pour la maison de Dieu,
le même désintéressement dans l'exercice de mon saint ministère, la même condescendence pour les faiblesses des autres,
la même charité pour les pauvres et le même dévouement,
enfin, pour tout ce qui a trait à la gloire de Dieu et au salut
des âmes ; ils verraient de plus, j'en conviens, mes cheveux
blanchis par les rudes épreuves que j'ai dû subir, bien plus

que par les années, et les nobles cicatrices que j'ai reçues dans les luttes que j'ai eu à soutenir. Si quelque flagorneur de l'autorité ou quelque envieux osait élever la voix, pour faire entendre quelque son discordant, je n'aurais, pour le faire taire, qu'à lui dire avec l'Evangile : *qui de vous pourra me convaincre de péché?* pouvez-vous en dire autant? Insensé, guérissez-vous vous-même, avant d'entreprendre de guérir les autres : *ôtez d'abord, ôtez la poutre qui est dans votre œil, et vous pourrez travailler après à tirer la paille qui est dans mon œil.* Enfin, *que celui qui est sans péchés parmi vous, me jette la première pierre.*

L'ÉVÊQUE. — Qui vous plaignent,

LE PRÊTRE. — Oh! merci, Monseigneur, merci mille fois des paroles consolantes que vous voulez bien m'adresser. Votre Grandeur m'apprend une chose que je n'aurais jamais soupçonnée. Eh! quoi! mes bien-aimés confrères me plaignent encore, et vous le savez? ils n'ont donc pas tremblé de tous leurs membres quand ils ont dit, en votre présence, qu'ils « m'aimaient encore malgré ma disgrace? » Eh oui, mes bien-aimés confrères m'aiment encore, puisque la force de la vérité vous contraint à me le dire. Je crois même, Monseigneur, que mes bien-aimés confrères m'aiment encore plus que ce que vous pouvez dire et même imaginer. Oh! oui, et le jour où la terreur qui les tient immobiles de frayeur aura disparu, le jour où le *joug de fer et d'airain qui pèse sur eux sera brisé,* le jour où ils cesseront d'entendre résonner à leurs oreilles ces foudroyantes paroles; « Voyez, si vous allez voir l'abbé Reynoard, ou si vous le recevez chez vous, on le saura et on se souviendra de vous à l'Evêché. » Hélas! *intelligenti pauca.* On ne sait que trop, par une cruelle expérience, ce que signifient ces menaces; elles veulent dire : changements sur changements, tracasseries sur tracasseries, vexations sur vexations jusqu'à ruine entière. Le jour donc où la contrainte cessera, oh! alors, vous n'entendrez plus qu'un cri de joie, et vous verrez se réaliser à la lettre ces consolantes paroles du prophète : *Israël se réjouira lorsque le Seigneur aura fait cesser la captivité de son peuple.* Oui, Monseigneur, quand le jour de ma délivrance sera arrivé, vous

verrez une joie véritable, une joie semblable à celle qui
accueille le soldat ou le marin, quand ils reviennent, l'un
après les dangers de combats fatiguants et multipliés, et l'autre
après avoir échappé à la fureur d'une mer agitée et féconde
en naufrages.

Que de larmes versées maintenant dans le secret, à la vue
des calamités qui pleuvent sur moi, et qui demain peuvent
éclater sur mes confrères et les frapper à l'improviste, comme
la foudre! La vue de mes malheurs les épouvante ; la considération de mon bonheur les réjouira, et ils diront avec l'Evangile : *Notre frère était perdu et il est retrouvé; il était mort et il
est ressuscité, tuons le veau gras et réjouissons-nous.* Ce jour-là,
Monseigneur, sera pour Votre Grandeur le plus beau de votre
vie, parce que vous commencerez ce jour-là à être véritablement évêque, le père de votre diocèse et le bon pasteur de vos
ouailles.

L'ÉVÊQUE. — Et vous condamnent

LE PRÊTRE. — Qui vous l'a dit, Monseigneur? quels sont,
s'il vous plaît, les confrères qui me condamnent? Avez-vous
entendu les conversations intimes qui se tiennent à huis-clos
dans les presbytères? avez-vous jamais permis à vos prêtres
de dire franchement ce qui se passe au fond de leur cœur?
En habile administrateur, avez-vous caché votre autorité sous
le costume d'un voyageur inconnu, visité sous ce prudent
déguisement, le palais des grands, la boutique de l'ouvrier et
la chaumière du pauvre? vous êtes-vous assis devant l'humble
foyer des presbytères?

Vous avez parcouru votre diocèse en *triomphateur* et en *roi*.
Pie IX avait joui des mêmes ovations, et puis nous avons vu
le revers de la médaille; nous avons vu, une fois de plus, que
la roche tarpéienne est voisine du Capitole, ce qui arrive
souvent quand on se frotte avec les multitudes : elles passent
si facilement de l'*hosanna* à un *tollé!* Auguste et David ne
s'étaient pas donné tant de peine que Votre Grandeur : l'un et
l'autre s'étaient contentés de demander le dénombrement de
leurs sujets; et si la fatuité de l'empereur romain servit à faire

constater l'évènement le plus extraordinaire qui se soit passé,
depuis six mille ans, dans le monde ; la vanité du roi de Juda
déchaîna sur Israël une peste horrible qui, en trois jours, fit
vingt-cinq mille victimes.

Plus avisé que David et Auguste et fidèle à la mission qui
vous était confiée, vous avez voulu connaître votre diocèse, et,
pour me servir d'un mot évangélique mieux adapté à votre
ministère, vous avez voulu connaître vos brebis, afin que les
brebis connaissent leur pasteur. C'est bien, c'est même très-
bien ! Monseigneur ; mais avez-vous pénétré dans le cœur de
vos nouvelles ouailles, et pouvez-vous dire : *Mes brebis entendront ma voix ?* les avez-vous convaincues *que vous êtes venu
pour qu'elles aient la vie, et une vie toujours plus abondante ?*
leur avez-vous dit : *J'ai d'autres brebis qui ne sont pas dans le
bercail et que j'ai mission d'y ramener ; elles entendront ma voix
et il n'y aura plus qu'un seul bercail sous un seul pasteur.* Avez-
vous sondé toute la profondeur de la terreur que votre aspect
seul inspire ? n'avez-vous pas été forcé de rassurer un pauvre
curé de village hoctogénaire que l'annonce seule de votre
venue avait réduit à l'extrémité et qui, malgré vos belles
paroles, est mort huit jours après des suites de cette formidable
sensation ? Ne vous a-t-on pas soufflé à l'oreille que ces guirlandes et ces fleurs, étalées partout sur votre passage, se flétri-
raient et se changeraient le lendemain en épines ? ces *hosanna*
qui ont partout retenti en votre présence, n'ont-ils pas étouffé
bien des sanglots, et la crainte des maux qui pouvaient
tomber le lendemain sur les lieux que vous aviez bénis la veille,
laissait-elle un libre cours à l'abandon filial de vos ouailles et
surtout de vos prêtres ? S'il en est ainsi, Monseigneur, croyez-
vous connaître le diocèse que vous avez visité ?

Et puis, dites-moi, Monseigneur, quels sont ceux qui me
condamnent ? les flagorneurs, et ils sont plus nombreux que ce
que vous croyez, dans le siècle où nous vivons ; les flatteurs,
c'est-à-dire ceux qui exploitent habilement l'autorité, pour
retirer, s'ils peuvent, quelqu'épave des faveurs épiscopales ; ceux
qui, semblables à l'abeille, vont butiner à l'Evêché, chercher
des nouvelles, ou laisser le miel empoisonné, recueilli par-ci,
par-là, dans le diocèse ; ceux qui ont des torts graves à se faire
pardonner, et cherchent à acheter leur grâce par l'insipide
encens de leurs basses flatteries ; ceux, bien plus nombreux,
qui ne savent rien de mon affaire et qui ignorent, par consé-

11

quent, jusqu'au premier mot de cette lamentable tragédie ;
ceux qui jugent sur la parole du maître, *magister dicit*, cela
suffit ; ceux qui, plutôt que d'obéir à la voix de leur pasteur,
se sont retirés par trois fois dans un couvent, ou ont lâchement abandonné, au sanglier de la forêt, le champ du Céleste
Père de famille, pour vivre dans une coupable oisiveté ; ceux
qu'une lettre-circulaire de l'Evêché appelait « des fils de perdition » ; ceux qui répondaient aux justes plaintes d'un évêque
calomnié, bafoué et rejeté de son diocèse : j'ai agi selon ma
conscience ; ceux qui allaient quêter des voix, des signatures
de clocher en clocher, pour faire expulser un vénérable évêque,
un administrateur hors-ligne, au sentiment du préfet d'alors ;
ceux qui auraient voulu révolutionner un diocèse, et faire
pendre un évêque qui les avait changés de poste, et pour cause ?
Oh ! si tous ceux-là me condamnent, je le comprends, et je
serais bien surpris d'avoir de leur part, une approbation qui
serait la condamnation de leur conduite ; et, s'ils montrent
qu'ils sont injustes, ils démontrent aux plus aveugles qu'ils
sont conséquents avec eux-mêmes. Mais à tous ceux-là je dirais
volontiers ce que saint Paul disait à ses détracteurs : « *Celui qui
me jugera, c'est le Seigneur* ; peu m'importe vos censures, et
vos jugements font aussi peu d'effet sur moi que la brise du
désert sur le chêne, robuste enfant de nos forêts séculaires. »

L'ÉVÊQUE. — Et qui vous aiment.

LE PRÊTRE. — Mes bien-aimés confrères ne peuvent m'aimer
sans m'estimer ; car l'amour est fils de l'estime réciproque, et
l'estime ne peut venir que de la conformité des caractères, et
de la sympathie que leur inspire le souvenir de mes malheurs.
Je suis donc heureux, Monseigneur, de recevoir de votre bouche ce précieux témoignage. Oh ! que je puis bien dire avec le
prophète Zacharie : *Le salut vient de nos ennemis et de la main
de ceux qui nous haïssent cordialement.*

Voulez-vous savoir maintenant la raison pour laquelle mes
bien-aimés confrères m'aiment encore malgré mes infortunes,
et précisément à cause de mes infortunes ? Laissez-moi vous
le dire : toujours, et en toute rencontre, je me suis étudié à

n'offenser volontairement aucun de mes confrères ; je leur ai
rendu le bien pour le mal ; je n'ai jamais refusé, même à mes
plus cruels ennemis, les conseils les plus consciencieux et les
plus salutaires, et surtout l'exemple qu'un prêtre doit à
tous et surtout à ses confrères. Ils se souviennent encore
de leur ami ? Oh ! tant mieux et pour eux et pour moi, ils me
prouvent, par leur conduite, que, dans le siècle de défaillance
où nous sommes, ils ont cependant conservé la religion du
cœur. Leur amour a été par trop platonique, il est vrai, mais
que pouvaient-ils faire, quand l'épée de Damoclès était sus-
pendue sur leurs têtes ? Pouvaient-ils s'exposer aux plus grands
dangers sans pouvoir me servir ? Ils ont donc fait tout ce qu'ils
pouvaient faire, ils m'aiment encore ! Je les remercie bien sincèrement de l'affection qu'ils ont conservée pour un confrère
qui ne pouvait être à la fois ni moins coupable, ni plus malheureux.

Et cet amour de mes bien-aimés confrères est d'autant plus
admirable, qu'il est désintéressé, et que leur amitié ne pouvait
que les compromettre. Ils ont osé dire, en votre présence,
qu'ils m'aimaient encore ! oh ! il faut bien que la chose soit,
surtout si Votre Grandeur me donne cette assurance.

L'ÉVÊQUE. — Et je serais heureux moi-même de vous
pardonner,

LE PRÊTRE. — Je vous crois, Monseigneur, et je vous admire
d'autant plus que vous vous rapprochez plus de l'exemple de
*celui qui préfère la miséricorde au sacrifice, qui travaille sans
cesse à nous attirer à lui par les liens de sa charité, qui a donné
sa vie pour ses ouailles, qui a pardonné à ses bourreaux ;* de
celui, en un mot, qui est *tout charité : Deus charitas est,* nous
dit saint Jean. Le bon saint François de Sales avait été à la
même école sans doute, lui qui disait à un malotru qui l'avait
cruellement offensé : « Quand vous m'auriez arraché un œil, je
vous aimerais avec l'autre avec autant d'affection que le
meilleur ami que j'aie au monde. »

Mais, avouez-le, Monseigneur, nous serions bien plus heureux l'un et l'autre, si vous n'aviez rien à me pardonner et, si

je n'avais rien moi-même à me faire pardonner. Voyez,
Monseigneur, on a beau faire, pour faire disparaître la tache
d'huile d'un habit, il reste toujours quelque chose. Et saint
Paul, qui ne plaisantait pas, ne nous dit-il pas : *Ne soyez
jamais sans crainte, même pour les péchés pardonnés.* Si je n'ai
rien à me faire pardonner, je serai peut-être un peu dans
l'oubli, dans la maison de mon père, comme l'aîné du Prodigue ; toutefois, je me trouverais plus heureux que mon frère
cadet, d'abord, parce que je pourrais jouir sans interruption de
tous les avantages que je trouve dans une maison opulente ;
ensuite, parce que je n'aurais jamais à me reprocher (ce que je
ne me pardonnerais pas) d'avoir abandonné le meilleur des
pères ; *d'avoir dévoré, sur une terre étrangère, la part qui me
revenait de mon héritage,* ce qui fera toujours défaut dans la
maison ; et enfin, parce que je ne me verrais pas réduit à être
couvert de haillons, à *envier la sale nourriture que l'on donne
aux animaux les plus immondes,* à revenir enfin dans ma
patrie couvert de honte et d'opprobre, pour implorer, d'un
père justement indigné, un pardon dont je me serais rendu
mille fois indigne et pour solliciter la grâce *d'être admis
comme le dernier des valets de la maison.*

Vous me direz, Monseigneur, que le Ciel s'est réjoui au
retour de l'Enfant Prodigue. Oh ! je le crois sans peine ; mais
est-ce que le Ciel a pleuré parce que je n'ai pas imité le Prodigue ? franchement, je ne le crois pas. Vous me direz encore
que pour fêter le retour de l'Enfant Prodigue, le père a appelé
les parents et les amis, qu'il a fait tuer le veau gras et fait un
grand festin, parce que son fils était perdu et qu'il est retrouvé ;
il était mort et il est ressuscité. Toutes ces choses n'ont jamais
eu lieu pour moi, je l'avoue. Non, jamais tant de fêtes dans
la maison, jamais si belle musique, jamais si grande affluence
de parents, d'amis et de voisins, jamais si beau festin, jamais,
en un mot, tant de fracas. Oui, mais enfin je pense que je ne
serai pas mis dehors et que j'aurai part à la fête, que je
pourrai jouir de l'harmonie, que j'aurai ma part du veau gras
et une place au festin, quoique je n'aie rien fait pour mériter
tant de bonheur.

Et puis, voulez-vous que je dise franchement ce que je
pense de tout ceci : Voyez, si j'avais le malheur de me perdre
comme mon petit frère, je craindrais de ne plus me retrouver ;
et, si je mourais comme lui, je parie cent contre un que je ne

reviendrais jamais à la vie : de sorte que je préfère rester ce
que je suis que de tenter une épreuve dangereuse.

Pourtant vous ajoutez : « Vous avez imité le Prodigue. »
— Moi? jamais! — « Jamais? mais ne vous êtes-vous pas vu un
jour réduit à la condition du Prodigue? » — Oh! oui, Monseigneur, mais l'ai-je imité dans son ingratitude et dans son
étourderie? ai-je jamais réclamé la part qui me revenait de
mon héritage, l'ai-je jamais dévorée dans le luxe et la mollesse,
sur une terre étrangère? Non, Monseigneur, et la comparaison
que vous établissez entre le Prodigue et moi, est fausse sous
tous les rapports. Dans ma cause, les rôles sont intervertis.

C'est un père dur et intraitable qui, sans motif, m'a chassé de
la maison paternelle, m'a privé de la portion qui me revenait,
m'a exclu des rangs du sacerdoce, m'a dépouillé de ma
paroisse pour la donner à un autre, m'a fermé la porte du
sanctuaire et m'aurait exclu du paradis, s'il avait pu, pour
ouvrir sous mes pas les portes de l'abîme. « Pouvais-je forcer
les barrières du sanctuaire ou faire le coup de poing tous les
jours, pour monter à l'autel? » dirai-je avec saint Grégoire de
Nazianze. « Ce n'est donc pas moi qui ai abandonné le calice
du Seigneur, pour aller m'asseoir à la table du démon »,
dirai-je avec saint Cyprien. Vous ne pouvez donc pas me dire,
Monseigneur, ce que disait saint Cyprien à Gaufridus : « Je
pleure sur vous et votre jeunesse que vous aviez offerte à Dieu,
aux applaudissements des anges, foulée maintenant sous les
pieds des démons, et souillée de crimes. Comment se fait-il que
vous, que Dieu avait appelé, suiviez le démon qui vous
rappelle? revenez, revenez, avant que le puits de l'abîme ne se
ferme sur vous, rougissez d'avoir pris la fuite. » Non, Monseigneur, vous ne pourrez jamais m'adresser ces paroles, mais je
dois dire à Votre Grandeur, que si un jour j'ai été chassé des
rangs du sacerdoce, « c'est parce que j'ai trouvé dans le sanctuaire, des pères homicides qui ont voulu m'empêcher d'avoir
l'Eglise pour mère et Dieu pour père. » « *Patres sensimus
parricidas; Illi matrem ecclesiam; Illi deum patrem ne
gaverunt* », dirai-je avec saint Cyprien. Je n'ai donc pas à
rougir devant Dieu, ni devant les hommes de la position que
vous me faites, parce que je puis dire avec un de nos poètes :

Le crime fait la honte et non pas l'échafaud.

Redoublez donc vos coups si cela peut vous plaire, mais gardez votre pardon pour ceux qui ont besoin de votre miséricorde ; quant à moi, je n'en ai nul besoin et, quoique vous puissiez dire, je peux toujours vous répondre avec l'Evangile : *qui de vous pourra me convaincre de faute ?*

L'ÉVÊQUE. — C'est dans cet espoir que je vous bénis, vous assurant de mon entier dévouement,

LE PRÊTRE. — Dans une lettre écrite au bon père Claude, procureur général de l'ordre de Saint-Jean-de-Dieu, à Rome, Votre Grandeur disait : « Dites à M. Reynoard qu'il fera mieux de rester à Rome ou de se fixer dans tout autre diocèse que celui de Fréjus. Je ne cesserai pas de compatir à ses peines, et je lui enverrai annuellement quelque secours pour l'aider à vivre ; mais c'est tout ce que je puis faire pour lui, après avoir consenti à renouveler son *celebret* de temps en temps, s'il se décide à vivre en prêtre repentant et soumis ; car, en n'exigeant qu'une simple rétractation, et un acte de regret, j'avais poussé la miséricorde à ses dernières limites. »

Vous m'assurez, Monseigneur, de votre entier dévouement, et vous avouez avoir poussé la miséricorde à ses dernières limites envers moi ? Parlez-vous d'un brigand ou d'un assassin à qui on a fait grâce de la vie, et qu'on relègue en Calédonie par un reste de pitié ? O honte du sacerdoce ! ô opprobre d'un Evêché ! Votre prédécesseur a pu, pendant dix ans, tromper, avec des mots, les aveugles du diocèse et jouer une vraie comédie, et vous, depuis deux ans, vous êtes entré en scène, et vous voulez continuer le rôle de votre prédécesseur et jouer la même comédie ? Croyez-vous donc me tromper plus longtemps par une vaine fantasmagorie ?

Si cela est, détrompez-vous, Monseigneur. Car enfin, qu'entendez-vous par « entier dévouement ? » qu'entendez-vous aussi par « miséricorde poussée à ses dernières limites ? » Etes-vous allé à la recherche de la brebis égarée, ou plutôt que vous avez jetée brutalement dehors dans un moment de colère ? êtes-vous allé, comme le père du Prodigue, à toutes les avenues pour attendre un fils égaré par l'inexpérience ? Avez-vous imité ce père vraiment miséricordieux ? avez-vous embrassé votre fils ?

lui avez-vous rendu sa *stolam primam?* lui avez-vous mis
l'anneau au doigt? avez-vous appelé les voisins et les amis
pour les associer à votre joie? avez-vous fait tuer le veau gras?

Quoi! vous osez parler de « dévouement entier et de miséricorde poussée à ses dernières limites », vous qui repoussez avec
un fier dédain cet Enfant Prodigue que vous avez appelé auprès
de vous, vous qui le recevez avec tout le mépris et toute la
hauteur que les Pharaons, dans leur toute puissance, n'ont
jamais étalée sur leur trône? vous qui reléguez un vieux prêtre
sans secours sur une terre étrangère? qui ne lui promettez
quelques secours pour l'aider à vivre, que pour prolonger son
agonie? vous qui lui imposez la rude condition de se rétracter
d'un acte que vous ne sauriez flétrir sans crime? vous qui lui
imposez un acte de regret d'un crime qu'il n'a pas commis?
vous qui voulez le forcer à reconnaître officiellement une
culpabilité que vous ne sauriez jamais prouver? vous qui
exigez une approbation, écrite de sa main, des mesures les plus
oppressives, des excès les plus révoltants exercés contre lui?
vous qui prétendez retenir sur lui tout le poids de votre
autorité, de votre juridiction, alors même qu'il aurait acquis
un droit légal et canonique ailleurs que dans le diocèse? vous
qui ajoutez à toutes ces horreurs, l'obligation de vivre en
prêtre repentant et soumis? Repentant! mais de quel crime,
s'il vous plaît? soumis? mais à quoi? à toutes les turpitudes
qu'il vous plaira d'exiger de moi? Et vous croyez, de bonne foi,
que vos rigueurs parviendront à étouffer ma voix, et m'em-
pêcheront de signaler à l'indignation publique l'horreur de
votre conduite?

Mais au moins, soyez assez prudent pour masquer vos excès.
Quand j'ai eu l'honneur de présenter à Votre Grandeur quelques attestations délivrées par des hommes honorables, que
m'avez-vous répondu? « C'est inutile; votre conduite a Rome
ne me regarde pas. » Comment! vous consentez à me renouveler, de temps en temps, mon *celebret*, et vous ne voulez pas
savoir ce que je fais? comment pourrez-vous savoir si je puis,
oui ou non, obtenir le renouvellement de mon *celebret?*

Et puis, qu'entendez-vous par ces mots abstraits et élasti-
ques : « S'il se décide à vivre en prêtre repentant et soumis? »
Je le devine, Monseigneur, vous voulez vous réserver une porte
pour sortir quand cela pourra vous plaire.

Et, après tant de honte, vous ajoutez que « vous ne pouviez

exiger moins qu'une simple rétractation et un acte de regret. »
Ce qui précède, Monseigneur, n'est donc rien, et vous dites
« avoir poussé la miséricorde à ses dernières limites? » Mais,
dites-moi : que pouviez-vous exiger de plus d'un pauvre prêtre,
sinon de le faire pendre en place de Grève comme un assassin
et un voleur de grands chemins? et, si votre dévouement entier
et votre miséricorde poussés jusqu'à leurs dernières limites sont
tels, que sera votre colère? Ne ressemble-t-elle pas, votre miséricorde, à celle du trop fameux évêque de Beauvais, qui croyait
avoir poussé la miséricorde jusqu'à ses dernières limites, en
ne condamnant Jeanne d'Arc qu'à être privée des derniers
Sacrements, à être brûlée vive et ses cendres jetées dans la
rivière. Lui aussi exerçait sa miséricorde au nom du Père et du
Fils et du Saint-Esprit.

Théodote avait défendu le culte des saintes images de vive
voix et par écrit. Un concile d'iconoclastes condamne Théodote
à avoir la langue percée pour avoir parlé en faveur des saintes
images, à avoir le poing coupé, pour avoir écrit en faveur de
ce même culte, à être promené ignominieusement par les rues
de Constantinople, sur un âne, puis à être exilé dans une île
déserte, et y mourir de faim ; et, pour pousser la miséricorde jusqu'à ses dernières limites, le même concile, au nom
du Père du Fils et du Saint-Esprit, recommande Théodote à la
clémence de l'empereur, qui, digne interprète du concile, fait
trancher la tête à Théodote. L'imbécile! il va faire un martyr
du patient, en mettant fin à ses souffrances! N'eût-il pas mieux
fait de s'en tenir au jugement miséricordieux des prélats?

Quand l'évêque de Londres et l'évêque de York vinrent à
Rouen, pour exciter le ressentiment de Henri II contre Thomas
Becket. ils crurent avoir poussé la miséricorde jusqu'à ses dernières limites, et comme ces dignes prélats, Monseigneur, vous
avez droit à la récompense promise aux miséricordieux. Oh!
oui, et, dès ce moment, vous pouvez faire écrire sur votre
mitre, comme le pontife de la loi ancienne. non pas, *la sainteté
est au Seigneur*, mais, *beati mites*; oui, mais, de grâce, fermez
les yeux, et baissez la tête pour ne pas voir ce qui se passe
devant vous.

Ah! Monseigneur, n'abusons pas des termes. Pouvez-vous
appeler « entier dévouement, et miséricorde poussée jusqu'à
ses dernières limites », une manière d'agir aussi arbitraire,
aussi terrible? non, Monseigneur, et, si nous voulons appeler

les choses par leur nom, nous devons dire que « votre entier
dévouement et votre miséricorde poussée jusqu'à ses dernières
limites » sont la tyrannie la plus affreuse, l'oppression poussée
jusqu'à ses d niers excès, la persécution la plus éhontée, l'ex-
communication, l'anathème le plus formidable, rien de plus,
rien de moins.

Saint Grégoire de Nazianze avait donc bien raison de dire :
« Si le supérieur se déchaîne trop violemment contre les fautes,
il se rend coupable de toutes les fautes. Il est nécessaire de
savoir cependant que lorsque l'esprit du supérieur se laisse
aller à corriger, il est difficile qu'il n'aille pas au-delà de ce
qu'il doit dire, et, pendant que la faute de l'inférieur est répri-
mandée avec un grand déchaînement, la langue du supérieur
se laisse aller à des excès de paroles ; et, lorsque la correction
s'irrite, les inférieurs sont poussés au désespoir. Il est nécessaire aussi de conclure que lorsque le supérieur exaspéré a
franchi les limites qu'il devait respecter, il doit recourir à la
pénitence pour obtenir de Dieu, par ses larmes, le pardon du
mal qu'il a causé par un zèle outré. »

Saint Jean, l'apôtre bien-aimé, va plus loin : *Celui*, dit-il,
qui hait son frère est un homicide, « avant même d'avoir
frappé son prochain du glaive », ajoute saint Augustin.

L'ÉVÊQUE. — A Rome même, en haut lieu, on m'avait
dit que je ne pouvais pas exiger moins.

LE PRÊTRE. — Tant vaut la réponse que la demande, comme
j'ai dit plus haut. Pour savoir donc ce qu'on vous a dit à Rome,
en haut lieu, il faudrait savoir ce que vous avez dit vous-
même, et ce que vous avez demandé.

Toutefois, Monseigneur, je vous dirai, sauf le respect que je
dois à Votre Grandeur, que je ne crois pas un mot de tout ce
que vous venez de me dire : car voici un fait dont je puis
garantir l'authenticité, et qui vient démentir carrément vos
affirmations. Instruit de vos résolutions extrêmes, j'ai demandé
maintes fois, de vive voix et par écrit, à la Sacrée-Congrégation du Concile, de vouloir bien me donner la formule de l'acte
de regret et de rétractation que vous exigiez si impérieusement

de moi. Qui mieux que la Sacrée-Congrégation du Concile pouvait savoir en quels termes ces pièces devaient être rédigées? M⁸ʳ le secrétaire de la Sacrée-Congrégation s'est-il permis cependant de faire et de me livrer les pièces demandées? jamais! M⁸ʳ le Secrétaire s'est bien gardé de faire et de livrer surtout des actes aussi compromettants pour lui, et aussi injurieux pour le Saint-Siége. M⁸ʳ le Secrétaire s'est souvenu que *verba volant et scripta manent;* il s'est souvenu aussi que mon affaire n'ayant jamais été traitée en Congrégation, il ne pouvait pas formuler un jugement, moins encore livrer les pièces demandées pour justifier vos prétentions. D'où je conclus que si la Sacrée-Congrégation du Concile m'avait condamné à l'acte humiliant que vous exigez, et tenu, par conséquent, le langage que vous lui prêtez, elle n'aurait pas balancé de me dire : « Voyez, d'après l'exposé de votre affaire et ouïes les deux parties en litige, la Sacrée-Congrégation vous condamne à rétracter tout ce que vous avez dit ou fait contre votre évêque, et à lui écrire une lettre de regret que vous rédigerez, à peu près, dans les termes dont voici la formule. » Or, la Sacrée-Congrégation a-t-elle tenu ce langage? Non, Monseigneur; donc je regarde tout ce que vous avez dit comme suspect, comme un conte bleu, comme un piége, en un mot, pour m'entraîner dans un abîme.

Et puis, à dire vrai, quel est ce haut lieu que vous mettez si majestueusement en scène? Est-ce le Souverain Pontife Pie IX, qui mettait à la retraite un évêque par le fait seul que cet évêque avait écrit trop durement à un prêtre? Comment? le *serviteur des serviteurs de Dieu,* le pasteur par excellence, le docteur seul infaillible, le vicaire de celui qui est le souverain dispensateur de la justice distributive et commutative, celui qui se dit, comme le Fils de l'Homme, *la vérité, la voix et la vie,* aurait imposé à un prêtre qui n'a jamais été jugé, la rude peine d'une avilissante et injuste amende honorable? La chose n'est pas possible.

Est-ce l'éminent préfet de la Sacrée-Congrégation, le cardinal Caterini? je ne puis le croire. Par le fait, d'après les paroles qui sont sorties des lèvres de l'éminent cardinal, il est facile de conclure que son Eminence le cardinal Caterini n'a point tenu le langage que vous semblez lui supposer. Est-ce enfin Monseigneur le Secrétaire de la Sacrée-Congrégation du Concile? Mais, Monseigneur, vous avez trop de jugement pour croire que

Monseigneur le Secrétaire de la Sacrée-Congrégation puisse se permettre, quelle que soit sa dignité et son mérite personnel, de juger seul et de terminer par des arrêts, une cause qui n'a été ni jugée, ni même portée au Congrès plénier de la Sacrée-Congrégation du Concile.

« A moins que les causes ne soient agitées et que les parties ne soient entendues, que peut-on juger? disait saint Bernard. » « Que les causes soient donc agitées, dirai-je encore avec l'abbé de Clairveaux, mais comme il convient; car la manière dont les causes sont traitées maintenant est exécrable et ne convient pas à l'Eglise, pas même au *forum*. En agissant ainsi, il n'est pas rare de voir que les appelants et les appelés sont déclarés coupables par le même jugement. »

Un autre usage a dévalu, dit-on; les jours ne sont plus les mêmes, « les hommes et les mœurs aussi; des temps mauvais ne nous menacent plus, mais sont arrivés », disait saint Bernard. Oh! je vous l'accorde. Je suppose donc que mon affaire qui est devenue maintenant la vôtre, a été présentée de nouveau à la Sacrée-Congrégation du Concile. Nous avons adressé vous et moi de nouvelles instances à qui de droit. Ces instances sont revenues du palais du cardinal-préfet, vierges encore, je veux dire toutes cachetées au protocole de la Sacrée-Congrégation Là, le dernier des employés a ouvert les plis, les a lus et jetés dans le panier des oubliettes.

Je suppose cependant que nos suppliques, ou plutôt que vos suppliques ont eu un sort plus heureux. Oui, Monseigneur, grâce à vos instances, elles ont été tirées de l'oubli et portées au Secrétaire de la Sacrée-Congrégation du Concile, qui les a lues, prises en considération et a donné son avis. Or, je vous le demande, Monseigneur, cet avis a-t-il été favorable à vos vues? je l'ignore. Ce que je sais, Monseigneur, c'est ce que disait saint Léon à Anasthase : « Celui qui se voit élevé au-dessus des autres ne doit pas craindre de reconnaître des supérieurs, et doit leur rendre l'obéissance qu'il exige des autres; et s'il ne veut pas porter le fardeau d'un pouvoir onéreux, qu'il n'ose pas imposer aux autres un joug intolérable. » Et s'il est vrai que vous ne reconnaissiez la compétence des tribunaux romains qu'autant que leurs décisions sont conformes à vos désirs, voulez-vous, de bonne foi, que je puisse me soumettre, moi votre prêtre, moi votre diocésain, à des décisions que vous n'admettez pas vous-même, alors surtout que je suis plus que

certain que ces décisions émanent seulement de la bouche d'un
secrétaire de la Sacrée-Congrégation du Concile? C'est au Saint-
Siége que j'ai appelé, c'est donc du Saint-Siége, et non d'un
secrétaire de la Sacrée-Congrégation, que je dois attendre la
décision que j'ai provoquée par mon appel canonique.

Je vais plus loin, Monseigneur : je veux croire avec vous que
Monseigneur le Secrétaire de la Sacrée-Congrégation vous ait
dit « que vous ne pouviez pas moins exiger de moi qu'un acte
de rétractation et une lettre de regret ». Oui, Monseigneur,
mais quand? Lorsque vous avez fait un exposé mensonger de
mon affaire; lorsque vous avez répété sur tous les tons les
calomnies que vous avez lues ou recueillies de la bouche de
votre prédécesseur; lorsque vous avez fait valoir les grandes
raisons d'Etat : l'honneur de l'épiscopat, l'impossibilité de
gouverner un diocèse, si un prêtre parvenait à obtenir justice
à Rome; lorsque vous avez fait apparaître le spectre de la
révolution; lorsque vous avez dit qu'un échec vous mettrait à
la discrétion de vos prêtres rebelles; lorsque vous avez ajouté
que si vous n'aviez pas carte blanche, vous ne pouviez plus
résister; lorsqu'enfin, vous avez menacé de ne pas vous soumettre à des décisions qui seraient contraires à vos vues. Rome,
qui sait, par expérience, jusqu'où va le dévouement de certains
évêques de France, et qui sait d'ailleurs que vous êtes de taille
à tenir parole, Rome, dis-je, ne compatit bien souvent que
d'une manière platonique aux infortunes des prêtres et n'ose
faire un pas en avant, dans la crainte d'être forcée de retourner
en arrière.

Si vous avez mis en œuvre de pareils moyens pour extorquer de Monseigneur le Secrétaire de la Sacrée-Congrégation,
les paroles que vous n'avez pas craint de m'adresser, vous avez
mille fois raison, Monseigneur, d'avoir été enthousiasmé de la
manière dont les affaires se traitent devant les tribunaux ecclésiastiques de Rome. Oui, mais aurai-je tort si, de mon côté,
je dis que nulle part la justice ne se rend plus mal qu'à
Rome? Jouissez donc de votre triomphe, Monseigneur, car le
jour où vous avez remporté la victoire et gagné une si mauvaise cause, vous avez fait le plus grand miracle que vous
ferez jamais; mais prenez garde : si le langage que vous prêtez
à Monseigneur le Secrétaire de la Sacrée-Congrégation est vrai,
Monseigneur le Secrétaire a prévariqué et devrait être chassé
de son emploi, et vous, Monseigneur, vous devriez passer en

police correctionnelle et être condamné comme faussaire, calomniateur et suborneur. Mais non, Monseigneur, non : Monseigneur le Secrétaire de la Sacrée-Congrégation, quelque peu fatigué de vos instances, vous a dit sérieusement avec saint Bernard : « Nous ne pouvons faire défaut aux opprimés, ni dénier la justice à ceux qui souffrent. » Puis il a ajouté d'un ton ironique (je le comprends à son air narquois et au sourire qui voltige sur ses lèvres) : « Si vous voulez et si vous pouvez obtenir de l'abbé Raynoard l'acte de rétractation que vous exigez, faites ; mais vous n'avancerez rien. Dans tous les cas, terminez au plus tôt cette malheureuse affaire, et, pourvu que l'abbé Raynoard se présente à l'Evêché, recevez-le et terminez tout. »

Vous deviez donc, Monseigneur, et vous l'avez avoué, vous deviez terminer sans délai une si lamentable affaire ; vous deviez étouffer un feu mal éteint : l'avez-vous fait ? n'avez-vous pas, au contraire, soufflé sur des charbons qui pouvaient rallumer le plus violent incendie ? Ce feu, je le sens, me consumera ; mais croyez-vous pouvoir sortir sain et sauf du milieu des flammes que vous avez allumées ? Puisque le sort en est jeté, terminons enfin ces dégoûtants entretiens et concluez.

---

l'ÉVÊQUE. — C'est dans cet espoir que je vous bénis, vous assurant de mon entier dévouement.

LE PRÊTRE. — Quelle bénédiction, grand Dieu ! elle est bien digne de votre prédécesseur et de vous. Et puis, ce dévouement ! ne ressemble-t-il pas au foudroyant anathème que saint Paul lançait contre les ennemis de la foi ? « Et c'est l'honneur de l'épiscopat et l'intérêt de la religion qui inspirent ces abominables imprécations ? Oh ! si c'est ainsi que l'épiscopat est honoré ; si c'est ainsi que l'on rend gloire à Dieu et à la religion, jetons nos armes, livrons nos mains aux fers de l'esclavage, cédons l'Evangile au démon, anéantissons la majesté de Dieu et de la milice sainte, abandonnons nos drapeaux ! Oui, que l'Eglise succombe et cède le pas aux hérétiques, la lumière aux ténèbres, l'espérance aux désespoir, la charité à la haine, la vérité à l'erreur, Jésus-Christ à l'antechrist ! »

« Il n'est plus étonnant si, de nos jours, les schismes pullulent, s'ils renaissent plus multipliés et plus puissants, s'ils se dressent comme le serpent contre l'Eglise, s'ils répandent leur venin avec plus de force, si ce que l'on fait hors de l'Eglise devient la règle de conduite de l'Eglise, disait saint Cyprien ; mais s'il en est ainsi, jetons sur nos têtes un voile de deuil et attendons que le fer et le feu viennent effacer les derniers restes de notre sainte religion. »

L'ÉVÊQUE. — ☩ FERDINAND, *évêque de Fréjus et Toulon.*

LE PRÊTRE. — *Amen!* Monseigneur, *Amen!* pour les belles paroles que vous venez de me dire, paroles que je conserverai et que je ruminerai souvent en mon cœur. *Amen!* pour le dévouement que vous mettez enfin à terminer ce révoltant et ignominieux réquisitoire, et recevez, avec mes adieux, cette page que saint Cyprien adressait aux évêques de son temps, au moment où la persécution allait se rallumer avec la plus cruelle violence : « Obéissons aux justes conseils donnés aux évêques, et n'abandonnons pas, dans la guerre, les brebis qui nous sont confiées; au contraire, réunissons tout le troupeau dans le camp du Sauveur. Sans cela, comment pourrons-nous porter nos ouailles à répandre leur sang pour Dieu, si, au moment du combat, nous leur refusons le sang de Jésus-Christ? comment pourrons-nous les porter à boire le calice du martyre, si nous ne les admettons pas d'abord à la participation du calice du Seigneur dans l'Eglise? s'ils laissent tout et s'enfuient dans les cavernes; s'ils meurent de la main des voleurs ou s'ils succombent à la fièvre, à la fatigue et à la langueur, ne serons-nous pas la cause que des soldats sont morts sans la paix et sans la communion, et, au jour du jugement, le Seigneur ne nous reprochera-t-il pas notre lâche indifférence et notre cruelle dureté, de ce que nous n'aurons pas voulu soigner, dans la paix, ni armer, pendant la guerre, les brebis qui nous étaient confiées, lui qui crie par son prophète : *Malheur aux pasteurs négligents!*

« De peur que le troupeau périsse par notre parole, qui refuse la paix et oppose une dureté plus digne d'une cruauté humaine

que paternelle et divine, soignons les brebis qui nous sont
confiées. Aussi, il nous a plu de rassembler tout le troupeau
dans le camp du Seigneur, de lui donner la paix; bien plus,
de l'armer pour le combat, ce qui doit faire plaisir à votre
paternelle miséricorde. S'il y a quelqu'un parmi vous qui,
dans la nécessité présente, juge qu'on ne doit pas donner la
paix à nos frères, celui-là rendra compte à Dieu de ses censures inopportunes et de son inhumaine dureté.

« Si, lorsque nous étions encore pécheurs, Jésus-Christ est
mort pour nous, imitons sa clémence et sa miséricorde, et ne
soyons pas si acerbes ni si durs; au contraire, gémissons avec
ceux qui gémissent et relevons-les, autant que nous le pouvons,
par le secours de notre dilection; ne soyons pas si cruels ni si
obstinés à les repousser. Notre frère est là étendu, blessé dans
le combat par son adversaire : d'un côté, le démon demande
d'exterminer celui qu'il a blessé; de l'autre, Jésus-Christ vous
exhorte à ne pas laisser périr celui qu'il a racheté. De quel côté
vous rangerez-vous? quel parti prendrez-vous? Aiderez-vous
le démon, et, semblable au lévite et au prêtre de l'Evangile,
abandonnerez-vous votre frère étendu, à demi-mort, ou bien,
prêtre de Jésus-Christ, suivant le précepte et l'exemple de
votre maître, arracherez-vous le blessé de la gueule de son
adversaire, pour le rendre guéri au jugement de Jésus-Christ?

« Le prêtre et le lévite n'avaient pas blessé l'homme qui
allait à Jéricho »; mais votre prédécesseur peut-il jurer de
n'être pour rien dans le meurtre moral de l'abbé Reynoard?
cependant vous laissera-t-il libre de suivre les mouvements
de votre bonté native? Dans le doute, Monseigneur, permettez-moi de vous répéter ici ce que Louise de Prusse,
mère de l'empereur Guillaume, adressait à son père, quand,
broyée sous les pieds d'un vainqueur intraitable, et fuyant
de chaumière en chaumière, elle écrivait :

« Cet homme est un instrument de Dieu, mais il tombera; il
n'agit pas selon les règles de Dieu, mais selon ses passions; il
ne s'occupe pas des souffrances des hommes, mais de son
agrandissement. Désordonné dans son ambition, il est aveuglé
par la bonne fortune, il est sans modération et qui ne se
modère pas, perd nécessairement l'équilibre et tombe. Oui, si
un vainqueur ne sait pas se montrer digne de la victoire, s'il
est sourd à toutes les voix qui lui crient : assez! assez! la malé-
diction des peuples civilisés sera sur lui.

« L'expérience montre que le *vœ victoribus* de la Providence se trouve encore plus souvent dans l'histoire des peuples, que le *vœ victis* des barbares. Que les vainqueurs y prennent donc garde, il y a toujours dans les choses humaines un endroit, un coin, par où Dieu se réserve d'agir; un ressort qu'il remue, quand il lui plaît, par lequel il change la face des choses; un dernier coup d'en haut qui réduit ce qui est excessif à des retours quelquefois terribles. »

Il faut bien que les choses soient ainsi, puisque le Seigneur a dit lui-même : *Ceux qui se réjouissent de la chute du juste tomberont dans le piége, la douleur les consumera avant leur mort, parce que la colère et la fureur sont également exécrables aux yeux du Seignenr.* (Ecclès.)

Ces paroles venues d'en haut et d'en bas, ont-elles besoin de commentaires?

J'ai répondu, Monseigneur, à votre lettre avec toute l'étendue que demandait la matière, et avec toute la confiance et la liberté que pouvait m'inspirer la bonté de ma cause. « Vous avez ma lettre et j'ai la votre, vous dirai-je avec saint Jérome, et l'une et l'autre seront lues au jugement de Dieu, qui décidera le différend qui nous occupe, et punira et récompensera chacun de nous selon nos mérites. Voyez, dirai-je encore avec saint Jérome, si vous n'avez rien à craindre; quant à moi, je suis tranquille, parce que ma lettre m'absoudra quand elle sera lue. » D'ailleurs, Monseigneur, est-ce ma faute, si le soleil ne s'est pas couché seulement une fois, mais treize ans durant sur nos têtes? Je ne pouvais rien sans Votre Grandeur; mais vous, Monseigneur, vous pouviez facilement tout, ou à peu près, sans

Votre très-humble et tout dévoué serviteur,

REYNOARD, *Prêtre*.

Marseille, le 24 Mars, 1878,
Jour de l'Annonciation de la Très-Sainte Vierge.

Marseille. — Typographie et Lithographie J.-B. Bertin, rue Corneille, 14.

ERRATA

Page	5	ligne	3	au lieu de : 1		lisez : 17
—	7	—	7	—	on	—	on
—	8	—	23	—	Ariane	—	Aniane
—	9	—	31	—	vintutum	—	virtutum
—	15	—	21	—	assasin	—	assassin
—	16	—	6	—	car	—
—	41	—	24	—	gémissent	—	gémissons
—	46	—	25	—	veuillez	—	vouliez
—	50	—	28	—	verger	—	verga
—	61	—	37	—	et	—	de
—	63	—	20	—	veuillez	—	vouliez
—	64	—	2	—	pourrai-je	—	pourrais-je
—	id.	—	38	—	Tertulien	—	Tertullien
—	66	—	32	—	veuilliez	—	vouliez
—	101	—	29	—	formes	—	bornes
—	105	—	15	—	consudentiâ	—	conscientiâ
—	106	—	1	—	consudentiâ	—	conscientiâ
—	125	—	10	—	vous ne pouvez	—	je ne puis
—	id.	—	39	—	veuilliez	—	vouliez
—	130	—	13	—	rapatrier	—	repatrier
—	131	—	23	—	coûte	—	coule

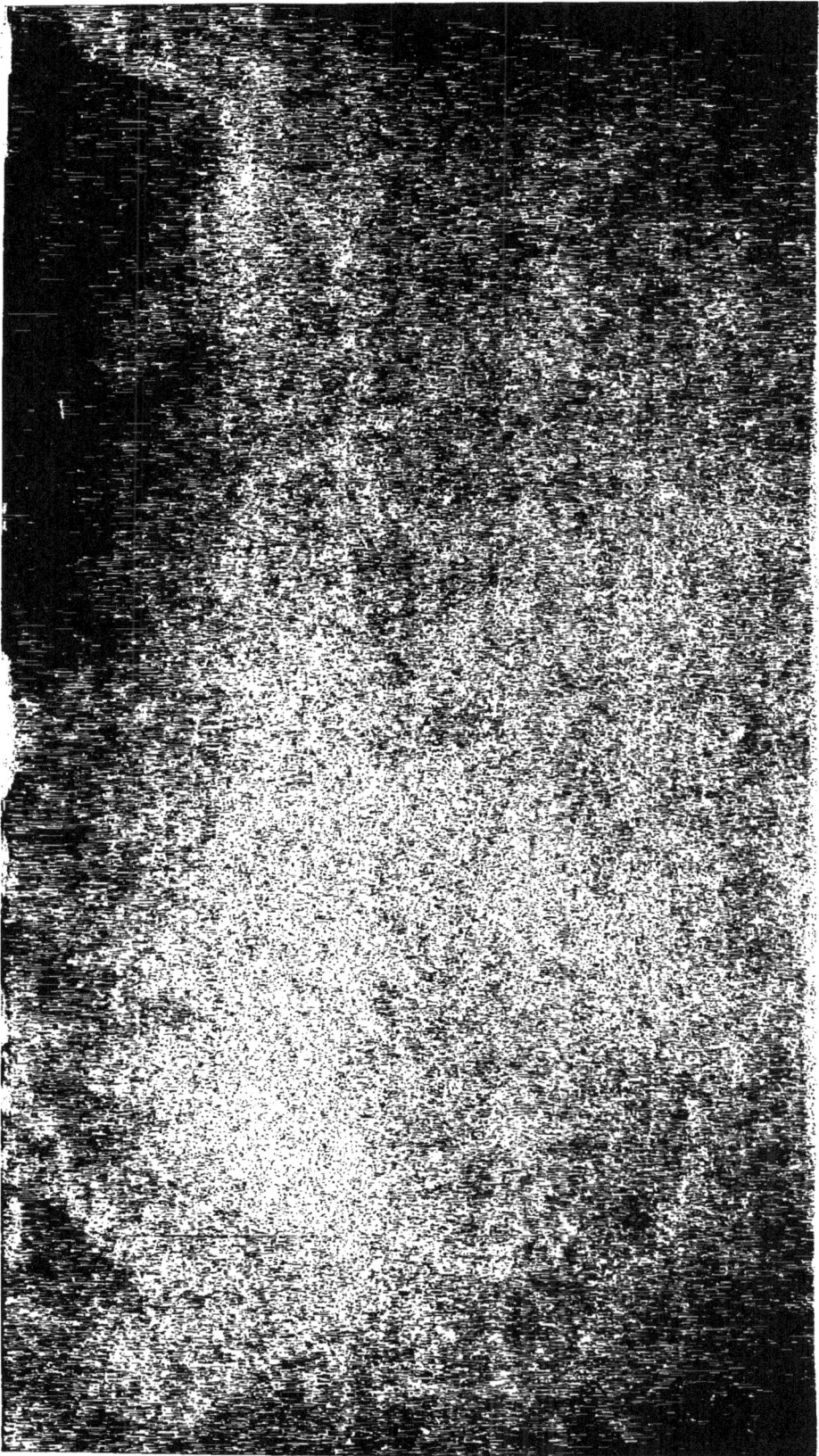

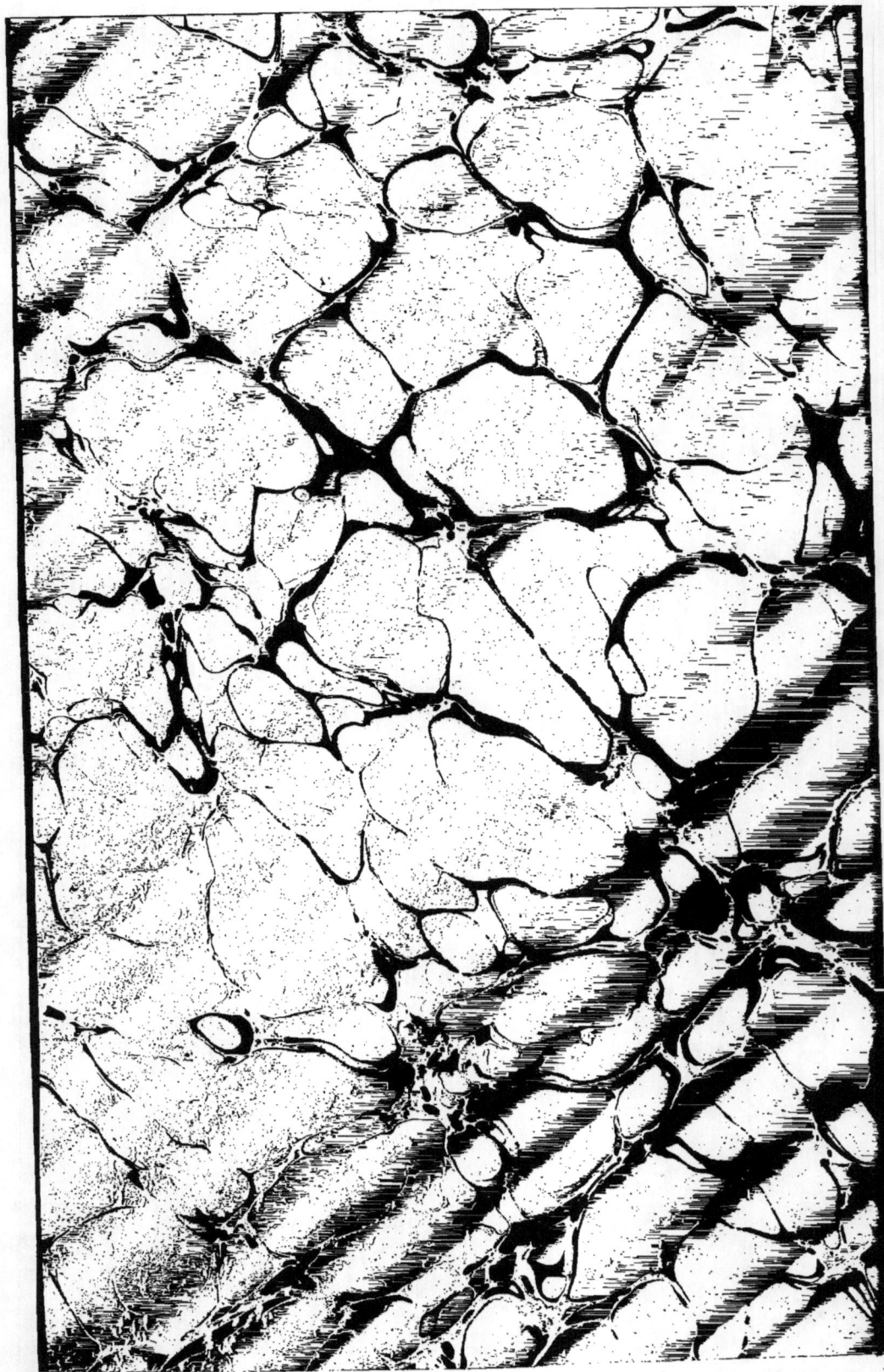

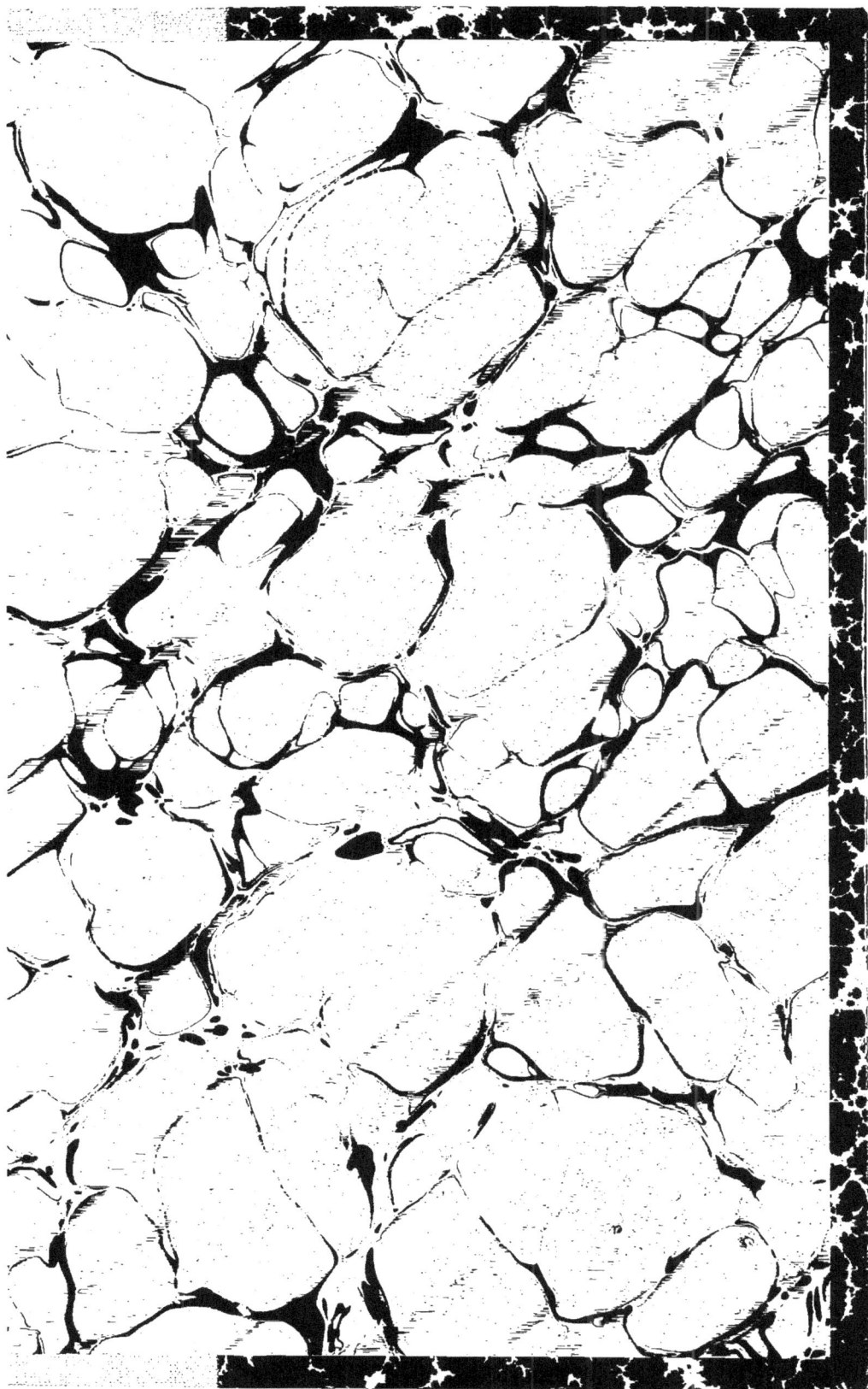

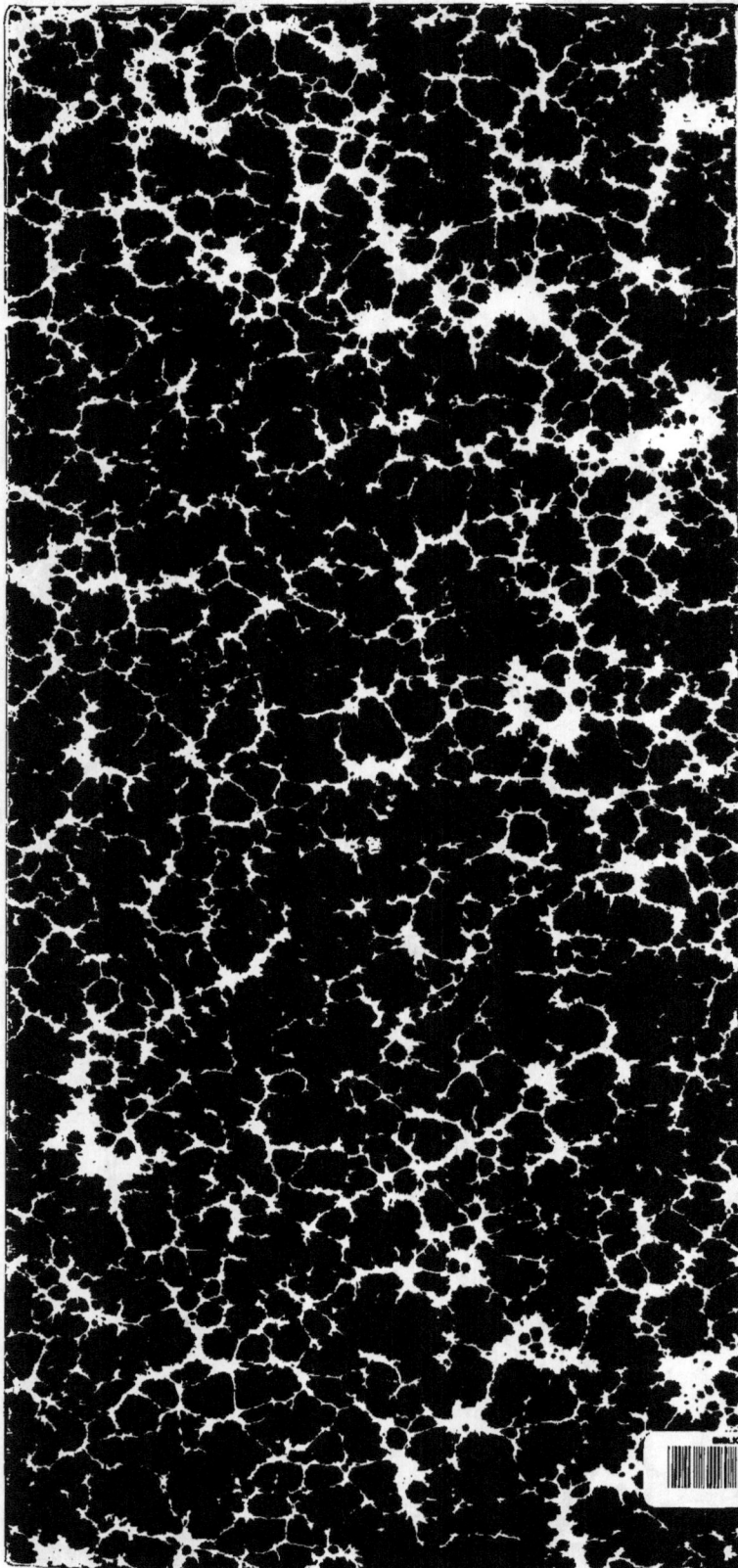

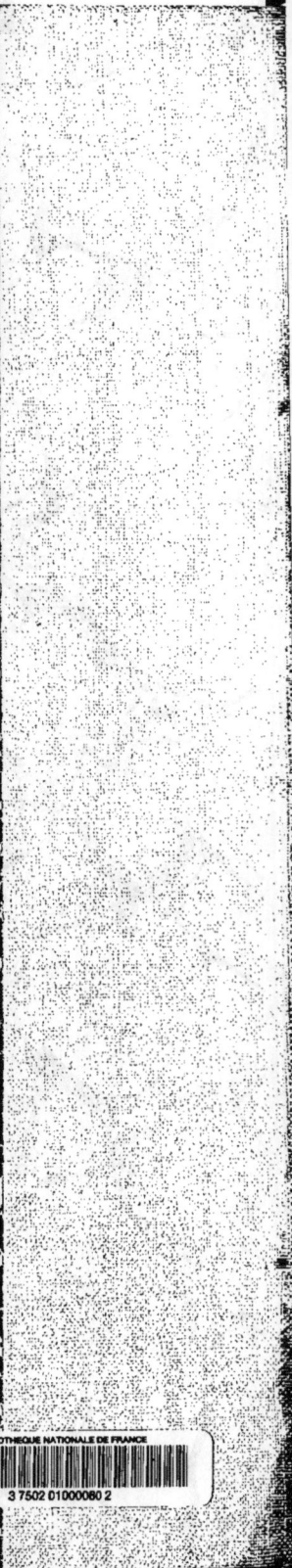

www.ingramcontent.com/pod-product-compliance
Lightning Source LLC
Chambersburg PA
CBHW070413090426
42733CB00009B/1655